HISTOIRE DE

Saint-Barthélemy

HISTOIRE DE

Saint-Barthélemy

GEORGES BOURDIN

Histoire de Saint-Barthélemy
Par Georges Bourdin

ISBN 978-1-300-26577-1

Publié avec l'autorisation de
Richard A. Henry et Barbara Drews, héritiers du détenteur
des droits d'auteur de la première édition, Porter Henry.

Couverture : Détail de carte de Saint-Barthélemy, 1786, avec la permission
du Musée Maritime National de Suède, Archives, Inv. Nr. SK 1234
et Krigsarkivet/Archives Militaires de Suède,
Archives, Inv. Nr. 0404: 49:A:001

TABLE DES MATIÈRES

Note de l'éditeur vii
Note de l'éditeur (première édition) ix
Avant-propos xi
Dédicace xv
Préface xvii

Chapitre 1 : Indiens, colonialistes et pirates, 1100 - 1600 3
Chapitre 2 : Saint-Kitts et d'Esnambuc, 1600 - 1647 17
Chapitre 3 : De Poincy et l'Ordre de Malte, 1648 - 1770 35
Chapitre 4 : La Suède, 1771 - 1876 63
Chapitre 5 : Le Retour à la France, 1876 - 1914 109
Chapitre 6 : Le Temps des guerres, 1914 - 1945 137
Chapitre 7 : L'Après-guerre et la période contemporaine, 1946 - 1978 155

Appendice A : Ordonnances de Rosenstein 163
Appendice B : Homélie de Monseigneur Blanger 172
Appendice C : Nomenclature des gouverneurs Suédois 178
Appendice D : Nomenclature des maires 179

Bibliographie 180
Remerciements (première édition) 181

NOTE DE L'ÉDITEUR

Ce livre a été porté à ma connaissance par mon voisin, Bernie Rogers, alors qu'il espérait le republier. Si ce souhait n'a malheureusement pas pu être réalisé de son vivant, c'est désormais chose faite.

Ce livre n'est pas seulement un trésor historique. C'est aussi un merveilleux conte d'indiens, de colonisateurs aventureux, de pirates, de maraudeurs et de missionnaires. C'est surtout l'histoire des habitants de Saint-Barthélemy qui au cours des siècles ont fait l'essence de cette île unique.

Le texte original a été légèrement révisé afin d'en faciliter la lecture et des chapitres ont été ajoutés pour mieux distinguer les grandes périodes de l'histoire de Saint-Barthélemy. Occasionnellement, j'ai ajouté certains détails historiques omis par l'auteur qui les considérait connus des lecteurs. Le récit ayant été écrit dans les années 70 ses références au présent concernent cette période.

Dans la première publication les textes français et anglais se côtoyaient sur chaque page. Pour cette nouvelle édition, les deux textes sont traités en continu et se succèdent à l'intérieur du livre.

Cette réédition n'aurait pas été possible sans l'immense travail de Laurent Auffret pour la version française en particulier, et pour le livre dans son ensemble. L'exceptionnelle conception graphique de Sue Livingston a donné vie à cet ouvrage. Je remercie tous ceux qui ont pris le temps de lire cette édition afin d'y apporter leurs précieux conseils et commentaires : Justin Abelow, Michel Yves Bolloré, Yves Gréaux, Clémence von Mueffling et David Zara. Merci aussi à Adam, Daniel et Richard Sandberg de leur aide pour accéder à la carte de Saint-Barthélemy en Suède.

Enfin, et dans l'esprit initial, les recettes du livre seront entièrement reversées à des associations caritatives de Saint-Barthélemy.

J'espère que vous apprécierez ce livre autant que je l'ai apprécié.

William A. von Mueffling
Septembre 2012

NOTE DE L'ÉDITEUR

(PREMIÈRE ÉDITION)

L'histoire de Saint-Barthélemy a été compilée par Georges Bourdin, un journaliste parisien qui s'est installé à Saint-Barth après la seconde guerre mondiale. Pendant maintes années il fit ses recherches dans les archives de Gustavia et à Basse-Terre et écrivit soigneusement l'histoire de sa main.

Grâce à la bibliothèque publique de New York, j'ai pu découvrir une quantité de faits additionnels. Sauf pour quelques petites corrections, j'ai gardé le manuscrit de Georges Bourdin tel qu'il l'a écrit, avec tous ses commentaires, ses opinions et sa philosophie.

A l'égard des lecteurs qui seraient au moins bilingues, nous avons essayé de garder les versions françaises et anglaises sur les pages opposées. Le texte français est à peu près 25 % plus long que le texte anglais, de sorte qu'une illustration a du être insérée après la cinquième ou sixième page en anglais.

A part les droits d'auteur normaux dus à Georges Bourdin, et les frais de traduction et de publication, toute recette de ce livre sera versée à la Caisse Sociale de l'École Technique de Colombier à Saint-Barthélemy.

L'éditeur tient à remercier madame Françoise Kelly et madame Marion Coutourier pour leur traduction, monsieur Hyppolyte Brin pour son assistance sur le manuscrit, madame Lenore Wulff pour la dactylographie de la version anglaise, le Centre de préformation pour la dactylographie en français, et ma femme Marty, pour le montage des pages en vue de l'impression.

Porter Henry
New York, 1979

AVANT-PROPOS

Saint-Barthélemy est unique dans les Caraïbes, peut-être dans le monde entier. C'est l'endroit où les Normands et les Bretons se sont installés au XVIIe siècle et ont réussi à garder leur langue, leurs coutumes et leur race depuis plus de 300 ans. Le patois qu'on parle à la campagne n'est pas le créole de la Nouvelle Orléans ni de Haïti, c'est un patois du XVIIe siècle de France. Saint-Barthélemy est maintenant sans aucun doute plus près de la Normandie de 1650 que la Normandie d'aujourd'hui.

Comparons ce qui est arrivé à Hawaï. Les indigènes se mélangèrent à tel point que les Hawaïens d'aujourd'hui sont presque une nouvelle race, un mélange exotique d'Hawaïen, Chinois, Japonais, Portugais et Américain. La vieille langue *hawaïenne* a presque entièrement disparu. Non seulement Saint-Barthélemy, mais les Caraïbes entières, sont fascinants à étudier pour l'historien et le sociologue. De la pointe ouest de Cuba en passant par Antigua, et en allant jusqu'à la Trinité, la distance est comparable à celle de Denver - Washington - Miami.

La plupart des régions sur terre sont habitées par des peuples qui y sont depuis des siècles. Les Antilles par contre, sont pour la plupart habitées par des gens qui y ont été transplantés de force, d'Afrique, il y a seulement 300 ans. Leurs religions, cultures, identités et attaches familiales ont pour la plupart été oblitérées par les traiteurs d'esclaves et les propriétaires de plantation. Non seulement les Africains avaient affaire à des maîtres nouveaux, mais aussi à des maîtres variés, les Espagnols, les Hollandais, les Danois imposèrent leurs lois et leurs coutumes sur les esclaves noirs des îles qu'ils contrôlaient. Même aujourd'hui, l'émergence d'une unité totale des Antilles au point de vue économique et culturel est freinée par les nationalités diverses de chaque groupe d'îles.

En lisant cette petite histoire il serait bon de se rappeler les stades principaux par lesquels les Antilles ont passé. La plupart des îles ont été découvertes par Christophe Colomb au cours de ses quatre voyages entre 1492 et 1502.

Le XVIe siècle (de 1492 à 1620) fût la période où les Espagnols ont colonisé les Antilles Majeures, Cuba, Hispaniola (maintenant Haïti et la République Dominicaine), Porto Rico et accaparé l'or et l'argent de l'Amérique du Sud et Centrale. Il y a peu d'Américains qui réalisent qu'il y avait des hôtels particuliers et des opéras en Amérique du Sud, avant que les pèlerins atterrissent à Plymouth Rock. Les pirates, pour la plupart français et anglais, arraisonnaient les galions espagnols qui rentraient en Europe avec leurs trésors. Les Antilles Mineures, le cercle d'îles, des Iles de la Vierge jusqu'à la Trinité étaient quasiment ignorées.

Le XVIIe siècle (de 1623 à 1725) fût la période où les Antilles mineures furent colonisées par les Anglais, Français et Hollandais. Le tabac était l'exportation principale, et le commerce parmi les îles florissait.

Le XVIIIe siècle fut la période de plantation de canne à sucre, véritablement une économie d'esclavage, et à cette époque, la Guadeloupe avait plus de valeur que le Canada.

Le XIXe siècle fut marqué par l'effondrement de l'industrie du sucre, surtout après la libération des esclaves en 1846, suivie par 75 ans de pauvreté et d'oubli.

L'époque moderne a débuté après la seconde guerre mondiale avec le développement du tourisme et de l'industrie.

Dans presque toute l'histoire des Antilles, les îles n'étaient vraiment que des pions sur l'échiquier des guerres européennes. Les guerres fréquentes entre Anglais, Espagnols et Hollandais amenaient aux Caraïbes des batailles sur terre et sur mer qui, d'habitude, finissaient par un traité de paix où les îles changeaient de main. Grenada a changé 22 fois. Seule la Barbade qui était trop sous le vent pour les voiliers est restée toujours sous un seul drapeau, le drapeau anglais.

Saint-Barthélemy d'aujourd'hui est une île de blancs car il n'y a pas assez de terrains plats favorables à la plantation de canne à sucre. Il y avait seulement une petite plantation à Saint-Jean. Les restes de la fabrique de sucre y sont encore. Le terrain montagneux et rocheux du reste de l'île fit qu'elle resta un pays de petits champs et de fermes.

Les phases principales de l'histoire de Saint-Barthélemy sont les suivantes :

1 - La première phase de colonisation française commence en 1659. Il s'agit alors de petites fermes vivant de la pêche et de l'agriculture. L'île fut achetée par la Suède en 1784.

2 - La phase suédoise peut être divisée en deux parties :

De 1784 à 1812, une époque de prospérité et de développement sous contrôle de la Suède. L'île était neutre et port libre, et desservait les marines de guerre de France, d'Angleterre, de Hollande et d'Espagne. La population de Gustavia, aujourd'hui à peu près de 400, atteignait 6 000 habitants à cette époque.

Une période de déclin commença en 1812, résultat de la concurrence de l'île danoise de Saint-Thomas, autre port libre mieux situé, et aussi grâce à l'invention du bateau à vapeur qui permit aux navires de prendre une route nordique plus directe, d'Europe vers l'Amérique du Nord. Saint-Barthélemy commençait à coûter trop cher à la Suède. A tel point qu'en 1877, ce pays ne vendit pas mais donna l'île à la France (avec certaines conditions à respecter en ce qui concerne les impôts).

3 - La deuxième période française, de 1877 au présent, fut de nouveau une période d'agriculture, de pêche et de commerce (et aussi de contrebande très active vers les îles qui n'avaient pas de ports francs) jusqu'à l'essor du tourisme, avec bateaux-croisières et l'arrivée des Américains, Canadiens, Guadeloupéens et Français métropolitains, lesquels bâtirent beaucoup de maisons.

DÉDICACE

En hommage à tous ceux qui en trois siècles
firent Saint-Barthélemy.

A tous.

A ceux qui furent les corsaires,
comme à ceux qui furent les marchands.

A ceux qui furent les soldats,
comme à ceux qui furent les colons.

A ceux qui furent les maîtres,
comme à ceux qui furent les esclaves.

Je dédie ce livre.

Georges Bourdin

Georges Bourdin

PRÉFACE

Quand on a passé la soixantaine on est blasé sur bien des choses surtout si l'on a pas mal voyagé et pas en touriste bien entendu, ni en reporter pressé. L'on a parfois tendance à se souvenir et à évoquer le passé, y cherchant peut-être quelques consolations aux ennuis du jour, sans pour cela forcément oublier le présent, et être indifférent à l'avenir.

Mais ce passé de nos aïeux, même celui de notre jeunesse, quelques uns parfois l'ont recherché dans des sources plus profondes et par là plongeant dans des sources si lointaines que souvent seules quelques pierres tombales noircies ou couvertes de mousse attestent la réalité de ce passé oublié, le rendant presque irréel.

Il y a une trentaine d'années que l'existence de tombes où reposent plusieurs gouverneurs suédois et des membres de leurs familles au cimetière de Lorient, m'a révélé que Saint-Barthélemy appartenait à l'histoire. Chose étonnante peut-être sur une île aussi restreinte, mais qui pourtant a joué un rôle historique bien supérieur à celui que l'on aurait pu attendre d'une population aussi réduite ; quelques centaines de gens pendant un siècle et demi, et qui ne dépassa par la suite dans les périodes les plus prospères jamais beaucoup plus de six mille habitants.

Mais très petit pion sur l'échiquier du monde au cours des mutations qui se firent jour au cours des siècles dans le jeu des grandes puissances, dans leurs rivalités militaires, économiques, ce modeste pion a joué par à-coups un beau, un très noble rôle. Cela en raison surtout de l'attachement de tout un petit peuple à la petite patrie qui l'avait vu naître, sans pour cela marquer l'indifférence à la grande, pourtant assez lointaine ; fidélité à sa foi, à ses traditions. Son île, il l'aime avant et par-dessus tout avec une ardeur, une passion qui ne se déracinera jamais. Et la plus belle expression de ce sentiment de fierté se traduit par cette phrase souvent entendue :

Je suis Saint-Barth avant tout.

Aussi pour ma part j'ai fouiné, fouillé, compulsé les papiers les plus poussiéreux, même les archives les plus rongées afin de trouver les fondements de cette fierté, de cette fidélité des habitants à leur petit rocher.

Je l'ai trouvé dans leur histoire.

Georges Bourdin.
Lorient, 1974

P.S. : Il est bien évident que ce petit ouvrage contient bien des lacunes, et même s'il s'y est glissé quelques erreurs, nous nous en excusons auprès de nos lecteurs.

HISTOIRE DE

Saint-Barthélemy

CHAPÎTRE 1

Indiens, colonialistes et pirates 1100 - 1600

Dans son ouvrage sur la Guadeloupe, livre documenté et puissant. Monsieur Lasserre, parlant de Saint-Barthélemy écrit :

> *"La grande originalité de Saint-Barthélemy tient à sa population blanche très catholique et profondément attachée à la France. C'est un autre monde que Saint-Martin et qui ne trouve son équivalent nulle part dans les Antilles françaises même pas aux Saintes, archipel avec lequel Saint-Barthélemy a de réelles affinités. C'est sans doute de l'île hollandaise de Saba qu'elle se rapproche le plus par l'étonnante persistance du peuplement blanc, mais Saint-Barthélemy se singularise par son cachet "Vieille France", par son attachement sentimental aux provinces de l'ouest de notre pays, par la survie d'une population qui semble figée dans sa mentalité et dans sa façon d'être depuis deux ou trois siècles. Certaines descriptions du Père Labat* [1] *restent d'actualité et l'on se surprend à penser en parcourant certains "quartiers de l'île", à la vie des matelots et des "engagés" de l'époque pionnière."*

Aussi il importe avant toute chose de savoir que le peuplement de Saint-Barthélemy ne fut que le maillon accidentel d'une chaîne dont

---

[1]Jean-Baptiste Labat, 1664 - 1738. Prêtre né à Paris, qui résida en Martinique et aux îles voisines de 1693 à 1706, et écrivit un livre "Nouveau voyage aux îles d'Amérique".

il ne pouvait que suivre les remous. Aussi il serait hors de sens de vouloir ignorer l'existence de ces secousses variables à l'aube de son histoire et l'ambiance dans laquelle l'île se mouvait.

C'est vraisemblablement vers les XIIe et XIIIe siècles de notre ère que les Caraïbes, ancêtres des Galibis, originaires des côtes nord et sud-américaines, poussèrent vers les îles des Petites Antilles. Peu à peu ils refoulèrent les Ignéris et quelques tribus Arawaks, leurs ennemis mortels qui les avaient devancés.

Les Ignéris, de mœurs moins guerrières, plus pacifiques à l'arrivée de Christophe Colomb, tenaient encore les Grandes Antilles. Les Arawaks, quelques secteurs sur la côte ferme où les Caraïbes accomplissaient des raids fréquents dans le but de les détruire ou tout au moins de les éliminer.

Les Arawaks étaient un peuple paisible et agraire, qui cultivait les maïs, la patate douce, le potiron et les cassaves. Ils tissaient le coton local et faisaient de la poterie. Ils habitaient des huttes de roseaux tissés, montées sur plateformes, et assemblées en villages de cinquante familles ou plus, que dirigeait un cacique. Leur seule arme était une lance de bois pointue. Ils n'avaient aucune chance contre les Caraïbes, cannibales agressifs qui avaient des flèches et des arcs puissants (le mot "cannibale" vient du mot "caraïbe"). Les Caraïbes capturèrent les Arawaks et les utilisèrent comme esclaves ou comme nourriture, les bébés étant leur plat préféré. Les Arawaks et les Caraïbes fabriquaient leurs canots de troncs d'arbres creusés. Dans ces canots de près de 100 pieds de long, chargés d'une cinquantaine de guerriers, ils pouvaient naviguer d'île en île.

CHRISTOPHE COLOMB

Comme nous le savons, Christophe Colomb cherchait à trouver une route plus courte allant aux Indes au lieu du long passage vers l'est autour de la côte sud de l'Afrique, inaugurée par les Portugais. Il traversa l'Atlantique avec trois petits navires, la Pinta, la Nina et la Santa

Bateaux de Christophe Colomb
Pinta, Santa Maria, Nina

Maria, et trouva terre ferme le 12 octobre 1492, sur une île dans les Bahamas qu'il nomma San Salvador (probablement l'île de Watling de nos jours). Il navigua vers l'ouest par les Bahamas, et découvrit Porto Rico et Hispaniola (Haïti et la République Dominicaine maintenant). Il baptisa la première Saint-Jean et son port principal devint connu sous le nom de "Port Riche". D'une façon ou d'une autre les noms furent renversés, et maintenant nous appelons l'île Porto Rico, et le port San Juan. Sur la côte nord d'Hispaniola, il fonda une ville qu'il nomma La Navidad, et il y laissa quarante-quatre de ses hommes. La Santa Maria s'échoua et fut perdu. En 1973, des plongeurs trouvèrent des morceaux d'un ancien bateau, et il y a des chances que ce fût la Santa Maria. A Hispaniola, les Arawaks lui révélèrent une chaîne d'îles superbes au sud et à l'est, et même, lui procurèrent une carte grossière.

Entre le premier et le deuxième voyage de Christophe Colomb, le Portugal, qui explorait la côte ouest de l'Afrique, s'alarma de la possibilité que l'Espagne s'établisse dans son territoire. Le roi Jean II de Portugal s'en plaignit au pape, qui résolut la question en établissant une ligne de 100 ligues (5 à 600 milles) allant du nord au sud, à l'ouest des Açores. Tout ce qui était à l'est était portugais, tout, à l'ouest de la ligne, était à l'Espagne. Ce que personne ne savait à l'époque c'est que la côte est de l'Amérique du Sud s'avançait si loin qu'elle dépassait la ligne du côté portugais, ce qui explique pourquoi le Brésil est le seul pays de ce continent colonisé par les Portugais.

A son deuxième voyage, Christophe Colomb se prépara à coloniser et non seulement explorer. Il avait dix-sept bateaux, mille cinq cent hommes, graines, plantes, chevaux, vaches et volailles. Excellent navigateur, Christophe Colomb s'arrêta aux Canaries et s'aventura vers l'ouest. Vingt et un jours plus tard, le dimanche du 3 novembre 1493, il aperçut une île qu'il appela du nom espagnol pour dimanche : Dominica. Quelques heures plus tard, il en vit une autre qu'il nomma d'après son bateau Santa Maria (Marie Galante). Il découvrit aussi et nomma le même jour la Guadeloupe, Les Saintes et Desirade (Desirata en espagnol), le but désiré du voyage.

Christophe Colomb était le pionnier de la route sud que les marins devaient emprunter pour les trois cents ans suivants, et qui évitait les récifs traîtres des Bahamas, et réduisait d'une semaine le temps de navigation de terre à terre. Mettant pied sur la Guadeloupe, Christophe Colomb se trouva devant un village. Les guerriers étaient partis en expédition, laissant derrière eux quelques femmes et enfant Arawaks captifs. Les captifs supplièrent Christophe Colomb de les prendre avec lui, préférant un avenir avec des étrangers inconnus à celui qui les attendait avec les Caraïbes. En fait, ils étaient destinés à être mangés à un dîner de victoire au retour des guerriers. Pour raisons de sympathie ou autres, l'amiral les prit à bord. Cette histoire a été rapportée par le docteur Chancas, le docteur du bord de la caravelle de Christophe Colomb.

Cet incident devait avoir des suites funestes. En 1496, à la fin de son deuxième voyage, Christophe Colomb se dirigeait vers l'Europe lorsqu'il s'arrêta en Guadeloupe. Quant il envoya des hommes à terre pour prendre du bois et de l'eau, les Caraïbes les attaquèrent avec des flèches empoisonnées. Les fusils des Espagnols servirent peu. Les

Caraïbes, se cachant derrière les rochers et les buissons, étaient des cibles impossibles. Un peu secoué, Christophe Colomb regroupa ses hommes et quitta l'île sans ses provisions. Naviguant au nord et à l'ouest de Guadeloupe, Christophe Colomb passa devant une île qu'il nomma Sainte Marie de Monserrat (Montserrat de nos jours), probablement après un monastère de ce nom en Espagne. Au loin, sous le vent, il vit une île qu'il baptisa Saint-Marie l'Antigue. Plus près était une petite île qu'il appela Sainte Marie la Redonde, maintenant l'île inhabitée de Redondo.

Dans la soirée du 10 novembre de la Saint-Martin, il jeta l'ancre devant une île qu'il appela Saint-Martin. Cette île fut appelée plus tard Notre Dame des Neiges, peut-être parce que les nuages donnaient l'apparence aux montagnes d'être couvertes de neige, mais plus sûrement nommée d'après un monastère d'Espagne. Aujourd'hui cette île s'appelle Nevis. Continuant au nord-ouest, Christophe Colomb découvrit et nomma San Jorge (maintenant Saint-Kitts), Santa Anastasio (Saint-Eustache), San Cristobal (maintenant Saba). Il découvrit ensuite les Iles Vierges, non pas nommées d'après la Vierge Marie, mais en l'honneur des 11 000 vierges martyres de Saint-Ursule. Sur Hispaniola, il trouva que la colonie à Navidad avait été détruite. Il en rétablit une autre qu'il nomma Isabella, et s'en fut naviguer plus loin pour découvrir Cuba.

Christophe Colomb continua de naviguer le long du coté sud-ouest de la chaîne d'îles qui s'étendait de la Guadeloupe à Saba. Saint-Barthélemy aurait été tout juste visible à l'horizon, au moment où il passa de l'autre côté de Saba. A Saint-Barthélemy on croit généralement que Christophe Colomb découvrit l'île à son deuxième voyage et la nomma d'après son frère. Mais il n'y en a aucune mention dans les trois journaux gardés par les membres du deuxième voyage.

Le frère de Christophe Colomb, Barthélemy, était en Allemagne lorsque Christophe rentra de son premier voyage, et ne prit connaissance de ce retour que quand l'amiral était déjà prêt à partir pour son deuxième voyage. Barthélemy lui-même réussit à armer trois bateaux et rattrapa Christophe à Santo Domingo en 1494. Barthélemy devint gouverneur de Santo Domingo en 1496, et le resta jusqu'en 1500. Il est donc possible que l'île fût nommée d'après lui-même, si son frère ne la découvrit pas. Pendant cent ans, les Caraïbes des îles autour de Saint-Barthélemy repoussèrent tout effort de les conquérir. Peut-être avaient-ils appris comment les Espagnols avaient traité les Arawaks des Grandes Antilles, où les travaux forcés et les maladies européennes décimèrent la population qui passa de deux cent cinquante milles en 1492 à cinq cents en 1548.

Bientôt les Caraïbes des Petites Antilles se joignirent en une sorte de fédération, avec quartiers généraux en Guadeloupe. Périodiquement ils organiseront des raids sur les côtes des Grandes Antilles. Suivant leurs coutumes de guerre, ils partaient en silence dans la nuit et attaquaient à l'aube, tuant les hommes et capturant les femmes et les enfants. Le temps que l'alerte soit donnée, les guerriers Caraïbes étaient déjà hors de vue.

A Saint-Barthélemy, quelques outils Caraïbes ont été retrouvés. L'île fut donc un relais. Les indiens dans leurs randonnées, soit vers le nord, soit vers le sud, se ménageaient des bases sur certaines des îles non habitées. Lors de leurs raids, ils s'y ravitaillaient. Ce fut le cas de Saint-Martin et de Saint-Barthélemy. Il va de soi que les royaumes de Castille et d'Aragon, plus tard l'empire de Charles Quint, ne pouvaient tolérer sans réagir un pareil outrage fait à leur puissance par ce qu'ils considéraient avec mépris comme "une poignée de sauvages".

En 1500, Juan Ponce De León reçoit l'ordre de s'emparer de la Guadeloupe et "d'y réduire et convertir les sauvages". Cette équipée malgré le nombre de ses vaisseaux se termina d'humiliante façon. Ayant mis à terre quelques soldats pour prendre pied dans l'île, et des femmes pour y laver du linge, les Caraïbes embusqués criblèrent les soldats de flèches puis s'emparèrent des femmes. De ces escarmouches de rares Espagnols parvinrent à s'échapper. Le reste fut tué ou fait prisonnier, ces derniers boucanés comme du gibier, durent finirent dans des banquets d'honneur. Effrayé par ce mauvais début, Ponce De León n'insista pas. Il leva l'ancre, abandonnant femmes et soldats.

Juan Ponce De León devait par la suite se montrer bien meilleur général. Il devait plus tard être tué en Floride, lors d'une expédition exploratrice, par les indiens séminoles qui tenaient la région. Son nom a été donné à la seconde ville de Porto Rico, au sud de l'île, dont il avait planté les jalons. Son aventure guadeloupéenne est l'une des rares humiliations d'une carrière militaire fort honorable. L'on n'est pas vainqueur partout. Surtout contre des gens dont on ignore les méthodes de guerre et que l'on méprise si fort que l'on veut tout ignorer d'eux, y compris leur stratégie.

Diego Colomb, fils de Christophe devint gouverneur de Saint-Domingue et des îles sous autorité espagnole, et charga Antonio Serrano en 1519 d'en finir en Guadeloupe avec les "pirateries des sauvages". Celles-ci allaient en se multipliant. Cette seconde équipée dut être aussi lamentable que la première car "ces barbares ne sauraient être ni convertis, ni convaincus, ni par raison, ni par force". Cette appréciation dispensait le lieutenant général de la flotte d'explications pour le moins pénibles quant aux détails de l'aventure. La déception de Serrano dut être grande, car après s'être rendu maître de la Guadeloupe, il devait occuper la Dominique, la Martinique, Montserrat. Il avait déjà reçu de Diego Colomb le gouvernement de ces îles, et en avait le mandat en poche. Son échec réduisait à néant son rêve de *Gobernador General.*

En 1570, nouvel essai. Barthélemy Colomb, fils ou petit-fils du découvreur, gouverneur de Haïti, décide de se rendre en personne maître de ce "repaire de cannibales". Les résultats furent peu brillants. La chair d'une partie de ses soldats servit à de plantureux repas faisant des heureux parmi les indiens. Barthélemy Colomb jugea peu prudent d'insister. Le redoutable et célèbre corsaire Anglais, Sir Francis Drake,

Une famille d'indiens caraïbes

y fit une très courte escale au cours de son voyage autour du monde, le 18 octobre 1595, mais ne songea pas à y prolonger son séjour au-delà de quelques heures.

Devant ces irréductibles, quelques essais de moindre importance eurent les mêmes résultats, et les Espagnols cessèrent d'employer la force, abandonnant les Petites Antilles à ces guerriers farouches. Le dernier des grands soulèvements aztèques en 1577, et la menace des Royaumes de France et d'Angleterre, contraignirent d'ailleurs l'Espagne, en guerre avec le monde entier, à concentrer toutes ses forces sur des points bien définis, quitte à abandonner les autres.

Aussi, aux navires de guerre succédèrent les missionnaires, ceux-ci ayant mission d'essayer d'apprivoiser nos Caraïbes. Les résultats furent désastreux.

NI L'ÉPÉE NI LA CROIX

Auparavant, François Ier, roi de France, avait tenté l'expérience pensant réussir par la foi, là où les Espagnols échouaient par les armes. En l'année 1523, ces premiers pionniers français furent rôtis comme des volailles. En 1596, six missionnaires qui se rendaient en Chine, s'étant arrêtés en Guadeloupe, y furent massacrés. En 1603, nouvelle tentative, six religieux dominicains débarquaient en Guadeloupe pour prêcher la foi à nos indiens. Ils furent percés de flèches avant d'avoir pu prononcer le saint nom du seigneur. En 1604, nouvel essai et nouveaux martyrs qui, vraisemblablement, finissent à la marmite.

Les Anglais ne sont pas plus heureux. En 1625, le moine Thomas Gage, qui se rendait au Mexique avec une importante mission, eut la pensée louable mais malencontreuse de tenter quelques conversions dans cette île peu encline à recevoir la bonne parole. Dix-sept de ces religieux y perdirent la vie, lui compris. Dès lors, ces tentatives catastrophiques tarirent les vocations. Les Caraïbes étaient de vilains petits méchants, pas compréhensifs du tout, qu'un siècle d'expérience avait rendus particulièrement méfiants. Leur confiance était bien émoussée, surtout quand les apôtres de la "vraie foi" se présentaient accompagnés avec plus de torches que de cierges, sans compter les arquebuses de l'escorte. En dehors de naufrages imprévus, certains rescapés dont un nommé Pierre Gournay, s'y installent avec prudence et y trafiquent, heureux d'échapper à la cuisson. Les autres évitent de s'égarer à l'intérieur de ce coin inhospitalier, même d'y aborder.

L'Espagne, devant cette opposition féroce, a déjà laissé les Petites Antilles à ces sauvages irréductibles. C'est ce désintéressement seul, et lui seul, qui permit l'entrée en scène de puissances européennes ruinées par les guerres, sortant à peine du chaos, mais qui, en raison même de leur détresse, avaient les yeux brûlants de convoitise pour ces richesses dont on les écartait. Et voilà que quelques sucreries étaient abandonnées avec indifférence, comme négligeables, à la fin du banquet. C'en était trop, la tentation était irrésistible.

LES PIRATES

Aussi, l'on ne tarde pas à voir rôder dans les Petites Antilles quelques navires, surtout corsaires, le plus souvent pirates, généralement le tout ensemble, et arborant Fleurs de lys ou Léopards d'Angleterre, parfois même ouvertement le pavillon noir à tête de mort, ces derniers étant la terreur des Espagnols. Ayant la potence marquée sur le front, depuis longtemps ils avaient jeté à la poubelle courtoisie et préjugés, même la moindre pitié humaine. Pour eux, c'était, dans un combat naval, la capture du navire assailli ou la corde. Ce vilain choix ne les rendait pas tendres.

Les mots divers, utilisés pour décrire les maraudeurs maritimes, n'ont pas tous le même sens. Pendant la guerre, le roi émettait souvent des "lettres de marque" à des propriétaires de navires, leur permettant d'armer leurs bateaux et de capturer l'ennemi, pourvu qu'ils partagent leur butin avec lui. Ces hommes, qui travaillaient indépendamment, s'appelaient "corsaires". Un "pirate" par contre, était tout simplement un voleur en mer, qui attaquait pour son seul profit n'importe quel navire, même ceux de son propre pays. Le mot "corsaire" était utilisé à l'origine pour décrire les individus établis à leur propre compte qui trafiquaient sur la côte de Barbarie. Plus tard, le terme a été élargi pour inclure aussi les pirates. *Freebooter* (flibustier ou maraudeur), est la version anglaise du mot hollandais pour pirate. Le mot français, "flibustier", a donné aux Anglais leur terme décrivant un procédé politique de délai, *filibuster,* utilisé de nos jours au sénat américain. Les "boucaniers", étaient un groupe spécial dont nous parlerons encore.

Les familles normandes à Saint-Barthélemy, qui sont fières de leurs ancêtres marins, seront sans doute contentes d'apprendre que le premier corsaire des Antilles était normand. Pendant que la France et l'Espagne étaient en guerre, en 1523, un corsaire français, Jean Fleury, qui était engagé par un armateur de Dieppe du nom de Jean d'Anjou, saisit, près des Açores, deux galions espagnols qui étaient sur leur chemin de retour du Mexique. Il fut surpris de trouver que leur chargement consistait en or et en argent, au lieu de peaux et teintures habituelles. Cela marqua le début de la poussée vers l'or en mer. En 1567, Jean d'Anjou lui-même, pilla plusieurs villes d'Hispaniola et captura une partie de la flotte trésorière espagnole.

Pendant le reste du XVIe siècle, les pirates anglais et français attaquaient les Espagnols, et quelquefois s'entre-attaquaient au travers des Antilles et sur la côte nord de l'Amérique du Sud. Les galions espagnols, dans les eaux des Caraïbes, étaient quasiment comme des poissons dans un filet. Il y avait seulement deux routes majeures entre les îles, toutes deux contre les vents du nord-est, par lesquelles ils pouvaient s'en tirer. Une route contournait la côte ouest de Cuba, ensuite à travers le détroit entre la Floride et les Bahamas. L'autre route était le passage côté vent entre Haïti et la pointe de Cuba. Le passage Morea, entre Saint-Domingue et Porto Rico, et le passage Anegoda, entre Saint-Croix et Saba, étaient rarement utilisés. Les pirates restaient aux aguets au point étroit de ces passages, et attaquaient les navires sur leur chemin pour l'Europe. Vers l'an 1550, l'Espagne commença à organiser sa flotte en deux immenses convois par an. Après quoi, aucune flotte ne fut capturée jusqu'à l'an 1628. Les navires isolés ou en petits groupes aussi bien que les villes, continuèrent eux, d'être à la merci des pirates.

De 1553 à 1555 par exemple, Charles II, roi de France, donna 10 navires au corsaire François Le Clerc, surnommé "Jambe de Bois". Il dépouilla plusieurs villes dans les Grandes Antilles. Son lieutenant,

Le pirate, “Montbars l’exterminateur”

Jacques Soul, captura et dépouilla La Havane en 1555. Les Anglais entrèrent en action avec des corsaires comme William Hawkins, son fils John Hawkins, mieux connu, Sir Francis Drake et Sir Walter Raleigh.

Les boucaniers étaient un groupe spécial de pirates. Exilés d'Hispaniola vers 1620, ils s'établirent sur la petite île de Tortuga juste au nord de ce qui est Haïti aujourd'hui. Ils faisaient cuire leur bœuf sur un gril en bois appelé "boucan" d'où l'origine du nom. Entre eux, ils s'appelaient "les frères de la côte". Les hommes vivaient par deux dans des tentes. L'un se chargeait des tâches domestiques tandis que l'autre pillait. Le capitaine était élu parmi les hommes, et chaque membre de l'équipage recevait une fraction bien déterminée de tout butin. Un boucanier bien connu était Montbars l'exterminateur. Né au Languedoc, il était aspirant dans la marine française, sur un navire commandé par son oncle. Pendant une des guerres entre la France et l'Espagne, il se lia d'amitié avec les boucaniers. Il participa ensuite avec eux à un pillage sur la terre d'Hispaniola. Son oncle le mit aux commandes de son propre navire. Au cours d'une rencontre navale avec les Espagnols, le bateau de son oncle explosa devant lui. Son oncle préféra brûler son propre bateau plutôt que de le laisser tomber entre les mains de l'ennemi. Montbars se joignit ensuite aux boucaniers, et s'entoura de plusieurs capitaines de pirates dont le seul noble de France qui devint corsaire, le Chevalier de Gramont.

Dans une de ses batailles mémorables, Montbars captura et pilla Maracaïbo. Trois frégates espagnoles l'attaquèrent dans la baie. Montbars mit feu à l'un de ses propres navires et l'enfonça dans une des frégates, puis aborda la deuxième. La troisième prit la fuite. La légende dit que Montbars visita, ou même avait son quartier général, à Saint-Barthélemy. Peut-être aussi a-t-il enterré ses trésors sur la côte sud de l'île. On l'appela "l'exterminateur" car il n'avait comme but dans sa vie que de tuer autant d'Espagnols que possible.

CHAPÎTRE 2

Saint-Kitts et d'Esnambuc 1600 - 1647

Saint-Kitts a la distinction d'être "l'île mère" de la plupart des Antilles Mineures. Les Anglais et les Français s'y établirent vers 1620, et partagèrent l'île pendant plus de cent ans. A partir de Saint-Kitts, ils se sont établis dans les îles d'Anguille à Grenada, incluant Saint-Barthélemy. Barbados et la Trinité furent colonisées directement d'Europe.

En 1622, un Anglais, Robert Warner, découvrit Saint-Kitts par hasard sur son chemin de retour de Guyane. Le chef caraïbe indien, Tegreman, était amical. L'endroit lui parut bon pour la plantation du tabac et son nom indien *Liamuiga* voulait dire fertile. Warner décida de rentrer en Angleterre et d'y ramener des colonisateurs. Sans doute y avait-il déjà quelques colons français. Dans son livre sur d'Esnambuc, Auguste Joyau dit qu'il y avait des planteurs français, administrés par Prempain Champeaux de Caen, quand Warner y arriva.

Warner obtint les finances nécessaires en Angleterre, de Ralph Merifeld et d'autres supporteurs, et repartit pour Saint-Kitts en 1623 avec quinze autres hommes : William Tasted, John Rhodes, Robert Bins, Mr. Benfield, Sergeant Jones, Mr. Ware, William Ryle, Roland Grascoke, Mr. Langley, Mr. Weaver, Edward Warner, fils de Robert âgé de 13 ans, Sergent Aplon, un marin et un cuisinier. Ils atterrirent à Old Road Bay, Saint-Kitts, le 28 janvier 1623. Ils y trouvèrent trois Français qui essayèrent de soulever les indiens contre eux, mais ils finirent par tous s'entendre.

Les Anglais vécurent un mois avec les indiens, pendant qu'ils construisaient leurs maisons et un fort. Ils plantèrent des fruits et avaient déjà une bonne récolte de tabac quand tout fut détruit par un ouragan, le 19 septembre. Selon Roland Grascocke, pendant tout ce temps, ils vivaient de pain de cassave, pommes de terre, plantains, ananas, tortues, iguanes et quantité de poissons, et ils buvaient du *nicknobby* (une boisson faite avec la racine des pommes de terre).

Le 18 mars 1625, Warner était rejoint par son partenaire, John Jeafferson et en septembre, ils renvoyaient en Angleterre 9 500 livres de tabac.

PIERRE BÉLAIN SIEUR D'ESNAMBUC

Cette même année 1625, arriva à Saint-Kitts le fondateur de nombreuses colonies françaises dans les Caraïbes, Pierre Bélain Sieur d'Esnambuc, né le 9 mars 1585 à Allouville près d'Yvetot en Normandie. Il était le fils cadet d'une famille de petits nobles. La famille avait perdu beaucoup de ses richesses et d'Esnambuc devint corsaire pour essayer de refaire sa fortune. Avec ce qui restait de son héritage il s'était acheté un navire de quatre-vingt tonnes, la *Marquise,* et suivant ses projets, se mit en route en 1620 pour le Cap Vert, la Sierra Leone, le Brésil et le Pérou. Son enseigne, Henri de Chantail, avait déjà cultivé le tabac à Saint-Kitts.

En 1623, d'Esnambuc retourna au Havre, vendit la *Marquise* et s'acheta un brigantin de cent tonnes armé de quatre canons, l'*Espérance.* Chantail devint son lieutenant, et son nouvel enseigne fut Jean Lavasseur, qui avait été un matelot ordinaire sur la *Marquise.* Ils abordèrent à Saint-Kitts en 1625.

Il y a des historiens qui prétendent que le lieutenant sur l'*Espérance* fut Sieur Du Roissey, qui plus tard devint son assistant. Cela n'est pas exact. Du Roissey s'était embarqué dans sa propre expédition de corsaire, dans les Antilles Majeures, quand il fut attaqué par un galion espagnol. Avec beaucoup de difficulté, il atteignit Saint-Kitts pour les réparations nécessaires à peu près en même temps que d'Esnambuc.

D'Esnambuc retourna en France en 1626 pour se réapprovisionner et chercher du capital, tout en amenant des échantillons du tabac de Saint-Kitts. Grâce à l'influence d'un autre propriétaire de navire, Cavaley de Razilly, d'Esnambuc prit contact avec le Cardinal de Richelieu, le puissant conseiller du roi Louis XIII, et qui était très en faveur de la colonisation. Le Cardinal réussit à persuader le Pape de donner le droit à la France de coloniser dans la Nouvelle Terre. La Compagnie de Saint-Christophe fut établie le 31 octobre 1626 pour coloniser Saint-Kitts, Barbuda et *"d'autres îles n'étant pas la propriété d'autres princes chrétiens"*. L'actionnaire principal de la nouvelle compagnie était le Cardinal de Richelieu.

Le 24 février 1627, d'Esnambuc et du Roissey, après avoir trouvé de l'aide financière, se mirent en route du Havre, avec trois navires et cinq cent trente-deux colons, pour la plupart des gens très pauvres de Bretagne et de Normandie. Les trois bateaux étaient le deux cent cinquante tonnes *Victoire*, le cent vingt tonnes *Catholique* et le quatre-vingt tonnes *Cardinal*. La traversée dut être très rude car il y eut seulement deux cent cinquante survivants quand ils arrivèrent à Saint-Kitts, le 8 mai 1627. Sur le plus petit des bateaux, seulement seize des soixante-dix passagers survécurent. Beaucoup de familles qui vivent à Saint-Barth aujourd'hui sont des descendantes des colons d'origine qui sont venus avec d'Esnambuc.

Le groupe de d'Esnambuc reçut un accueil plutôt froid. Les rapports entre Warner et les Caraïbes s'étaient détériorés depuis son départ. Les indiens essayèrent d'empêcher les Français de débarquer et sans doute auraient-ils réussi, si Warner, qui était aussi soucieux au sujet des Caraïbes, n'était venu à l'aide des Français avec plusieurs centaines d'hommes. Les Caraïbes furent vaincus et furent repoussés dans les montagnes.

Le 13 mai 1627, une semaine après son arrivée, d'Esnambuc conclut un traité d'union avec Warner. Les Anglais furent d'accord pour prendre possession du centre de l'île qui était montagneux, et les Français les extrémités nord-ouest et sud-est qui étaient plutôt

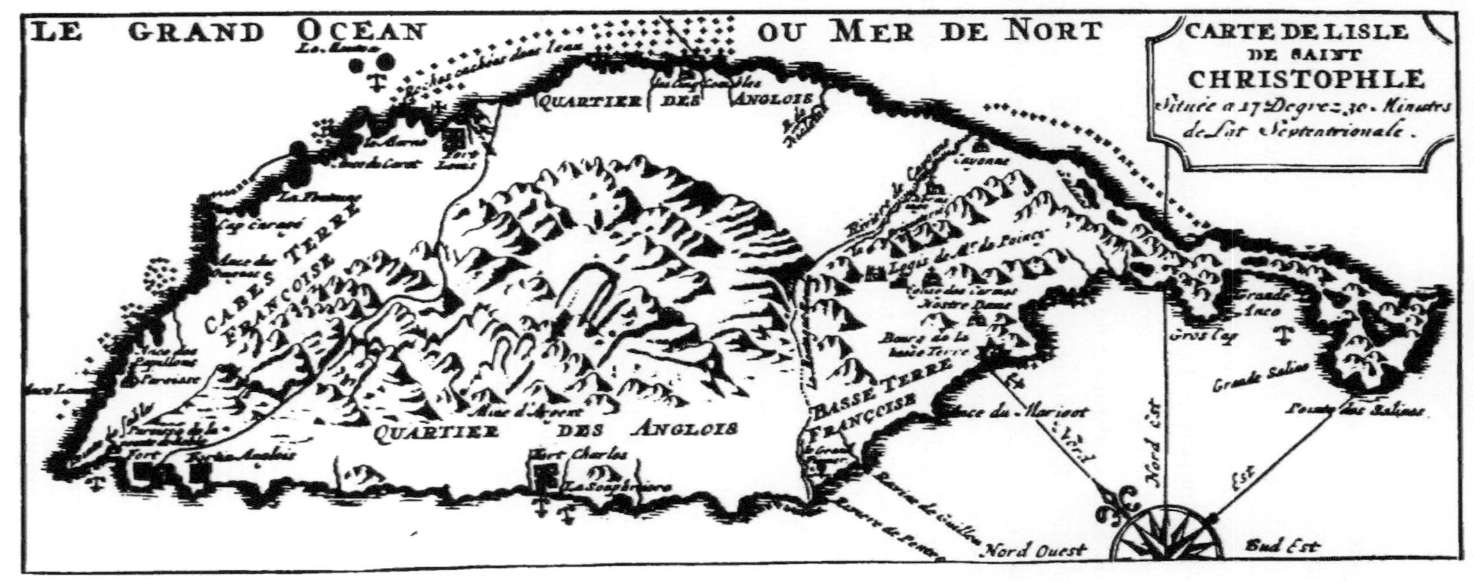

Carte de Saint-Kitts en 1724

plates. Ils se mirent d'accord pour partager les ports et salines, et pour s'unir contre leurs ennemis communs, les Espagnols et les Caraïbes (qui continuèrent d'attaquer Saint-Kitts pendant plusieurs années). Ils se mirent d'accord aussi pour ne pas se battre entre eux, même si la France et l'Angleterre entraient en guerre, à moins de recevoir des ordres contraires de leurs métropoles.

D'Esnambuc avait déjà, par ses méthodes nettement raisonnables, obtenu des résultats appréciables. En gage d'amitié et de bon voisinage, les indiens de la Guadeloupe, avec lesquels il était en contact, lui avaient remis en 1626 avant son départ pour la France, les habits des religieux massacrés en 1603 qu'ils conservaient comme trophées. Il s'agissait des R. P. Jean de Montalla, Vincent Palau, Jean Martinez, Pierre Moreno Hiacinte Cisternez et Jean de Maya.

Toutefois, les indiens à Saint-Christophe s'irritaient singulièrement des empiètements des étrangers, de leur nombre croissant, et surtout de leur échec. Leurs pensées, rejoignant leur instinct, devenaient féroces. En raison de leur infériorité numérique ils firent appel à leurs coreligionnaires des îles voisines dans le but de massacrer tous les étrangers, par surprise, et n'en laisser survivre aucun. Ce calcul pouvait, devait réussir, mais une femme caraïbe qui entretenait des relations intimes avec d'Esnambuc, ayant eu connaissance de ce qui se tramait, l'en avertit secrètement afin de le sauver.[1]

L'histoire des peuples est jalonnée de "Dalilas". La trahison de cette Caraïbe (il faut appeler les choses par leur nom), en sauvant d'Esnambuc et ses compagnons devait accélérer l'inévitable destin des Antilles et la ruine des indiens des îles. Devant le danger quasi mortel qui les menaçait, Français et Anglais qui étaient déjà en rivalité permanente pour des vétilles, malgré leurs accords, se réconcilièrent aus-

[1] Note de l'editeur : Du Tertre mentionne une femme caraïbe, nommée Barbe, qui informa les européens de l'imminence de l'attaque. Certaines sources précisent que sa relation était avec Warner et non pas d'Esnambuc.

sitôt et décidèrent de devancer les indiens. De nuit, dans un profond silence, ils poignardèrent plus d'une centaine de guerriers Caraïbes, endormis dans leurs hamacs. Puis, après avoir tendu des embuscades, ils attendirent les envahisseurs. Par une nuit de pleine lune arrivèrent de nombreuses pirogues chargées de trois à quatre mille guerriers, une véritable petite armée. Les Européens, sans nul doute effarés par le nombre de leurs adversaires, en laissèrent débarquer une partie, puis ils chargèrent avec fureur. De leur côté, les navires en rade canonnèrent les pirogues et mitraillèrent les occupants. Sous ce déluge inattendu de fer et de feu, les indiens frappés de stupeur pensèrent que tous les *Mabouyas* de la terre s'étaient ligués pour les détruire (les *Mabouyas* étaient des génies Caraïbes des plus malfaisants). Ils ne tardèrent pas à refluer vers les pirogues restantes, se réembarquant en s'efforçant de couvrir leur retraite par des grêles de flèches empoisonnées (celles-ci l'étaient soit avec du venin de serpent, soit avec du lait de mancenillier, parfois les deux).[2]

La victoire demeurait donc aux colons, mais une centaine des leurs restaient sur le terrain. C'était, dans l'ensemble, beaucoup pour si peu de gens. Ce désastre, et c'en était un pour les indiens de Saint-Christophe, décida ces derniers à l'abandon d'une guerre désormais sans espoir. Les hommes de d'Esnambuc et de Warner s'étaient d'ailleurs emparés sans trop de douceur des femmes Caraïbes, des veuves comme des autres, l'élément féminin étant rare chez les colons qui souffraient fort de cette continence forcée. Cette prise de possession brutale se justifiait pleinement à leurs yeux par la traitrise des Caraïbes. Devant cette situation une partie des indiens de Saint-Christophe commença à quitter l'île pour se retirer en Guadeloupe.

---

[2]Note de l'éditeur : Georges Bourdin fait référence ici au massacre dit de *Bloody Point*, qui eut lieu en 1626 sur l'île de Saint-Christophe (Saint-Kitts). De nombreuses sources estiment à 2 000 le nombre de Caraïbes qui furent tués lors de cet affrontement.

A ce premier danger auquel les pionniers avaient échappé de justesse, ne devait pas tarder à en succéder un autre, de plus vaste ampleur. L'Espagne tenait à ce que ses voies maritimes du Pérou, du Mexique et autres soient libres de toute entrave vers la péninsule ibérique. Cuba avait été occupée en 1511. C'est avec trois cents hommes que Diego Velázquez de Cuéllar, suivant les directives de Diego Colomb fils de Christophe et vice-roi des Indes Occidentales, s'empare définitivement de Cuba.

Hernán Cortes, le futur conquérant du Mexique, faisait partie de l'expédition. En 1519, toutes les Grandes Antilles étaient conquises, les Petites Antilles ne l'étaient pas, malgré un certain nombre de tentatives. *Les Cayes,* disaient les Espagnols par dérision. Ceux-ci ne voulaient à aucun prix que leurs rivaux s'y installent, n'ignorant pas le danger que ces bases de corsaires et de pirates pourraient faire courir à leurs convois. Rien que les vingt-trois mille tonnes d'or expédiées du Pérou par Pizarre et ses premiers successeurs, valaient bien la peine de prendre dans ce domaine quelques précautions pour l'avenir.

LA PÉRIODE ESPAGNOLE

Fin août 1629, Don Frederic de Tolede, paraît devant Saint-Christophe avec vingt-quatre navires de transport et quinze frégates de guerre. Il passe d'abord à Nièves, île toute voisine, s'empare de tous les petits navires Anglais qu'y s'y trouvent et les brûle ou les envoie par le fond. Averti de la menace qui pesait sur Saint-Christophe, le Cardinal de Richelieu avait envoyé huit vaisseaux de guerre commandés par Cahuzac afin de s'efforcer de protéger l'île. Arrivée trop à l'avance, l'escadre française en attente, se dispersa. Ce hasard plus ou moins malencontreux lui valût peut-être d'éviter un désastre.

La flotte espagnole, après sa courte escale à Nieves, arriva à Saint-Kitts. L'affaire fut rondement menée. Don Frederic, bien que vraisemblablement "Grand d'Espagne", n'était ni Ponce De León, ni Serrano. Le neveu de d'Esnambuc, du Parquet, fût tué dans la mêlée. Pour éviter la catastrophe, le gouverneur français dût obéir aux injonctions de l'amiral espagnol et s'engager à quitter l'île avec tous les siens, au nombre de quatre cents.

Les Anglais, qui s'étaient installés dans la montagne comme auparavant les Caraïbes, abandonnèrent leurs demeures. Warner voyant que toute résistance aurait pour résultat un massacre général, avait le premier ordonné à ses hommes de mettre bas les armes, puis s'était engagé envers Don Frederic à renoncer à tous ses droits sur Saint-Christophe et à la quitter. L'amiral fut d'ailleurs un adversaire loyal, courtois. Il manifesta à d'Esnambuc des regrets pour la mort de son neveu. Ayant appris qui était le jeune homme qui avait été blessé à mort, il le fit transporter à bord de l'un de ses vaisseaux pour que lui fussent prodigués des soins et le sauver si cela se pouvait.

D'Esnambuc, respectant l'accord signé avec Don Frederic, quitta Saint-Kitts et alla d'abord à Saint-Martin. Puis, il laissa plusieurs de ses hommes à Anguilles et à Saint-Barthélemy. Après avoir promis à ses colons de les reprendre dès que possible, et leur avoir assuré un maximum de sécurité, il se rendit à Antigues pour y voir les possibilités de s'y établir. Mais l'île était peu fertile, la côte défavorable. Entretemps, les Espagnols avaient évacué Saint-Christophe. D'Esnambuc désirait fortement y revenir. Il s'était efforcé de maintenir avec les indiens des relations correctes, mais les derniers conflits avec ceux de Saint-Christophe, en raison de la maladresse de Warner, n'auraient pas facilité les choses. Il récupéra les colons laissés à Saint-Martin, à Anguilles, et à Saint-Barthélemy. Dans cette dernière, c'était la première fois qu'un établissement y avait été fondé. Installation de courte durée (1629), il est vrai, mais les jalons étaient jetés.

La décision du gouverneur de regagner Saint-Christophe provoqua chez tous les colons dispersés un véritable enthousiasme. Tous attendaient son retour avec confiance. Indiscutablement, d'Esnambuc savait allier la compréhension, la justice, et l'autorité. Pendant douze ans, il fut obéi sans murmure. Il est possible, même certain, que parmi ses recrues les plus récalcitrantes il y ait eu, en tant d'années, quelques grognements. Mais ils furent bien vite étouffés, car on n'en trouve trace nulle part. Le capitaine français regagna donc son île en triomphateur, malgré une humiliation passagère et en dépit de l'hostilité de Warner, qui, lui, y était resté malgré sa promesse faite à Don Frederic de la quitter. Il songeait sans doute à la garder à lui tout seul, une fois le danger passé. Dans l'ensemble, Saint-Christophe n'avait pas trop souffert du raid espagnol. Bien des champs avaient été incendiés, et les plantations de tabac, principales sources de revenus extérieurs, avaient été presque totalement saccagées. Les soldats de Don Frederic avaient poussé à l'intérieur, et s'étaient amplement approvisionnés.

RICHELIEU ET LA COMPAGNIES DES ISLES D'AMÉRIQUE

Mais bientôt les seigneurs de France de la Compagnie de Saint-Christophe, semblèrent oublier d'Esnambuc et ses compagnons. Il fallait un rude caractère et une trempe morale hors du commun, malgré des déboires de tous genres, pour persévérer dans une entreprise qui à chaque instant semblait mener à la ruine. Il était surtout nécessaire de posséder une poigne de fer, liée à beaucoup d'humanité, pour imposer à des émigrants, qui, l'on s'en doute, n'avaient rien de commun avec des petits clercs d'église, une discipline assez rude. La majorité des colons était souvent ramassée dans les bas-fonds des ports et provenait on ne savait trop de quel endroit de la province (les passeports étaient alors inconnus). Demander trop de détails, c'était tarir le recrutement. On se contentait très sagement d'ignorer un passé plus ou moins trouble, et de jouer sur des espérances d'avenir et l'attrait de pays lointains.

De toute évidence, certains engagés jugeaient prudent d'augmenter la distance qui les séparait des galères ou des potences du roi. Livré à lui-même, d'Esnambuc n'hésita pas. Il en appela au Cardinal de Richelieu. Nous n'avons pas en mains de copie de cet appel, peut-être même l'original n'existe-t-il plus, mais il dut être fort énergique. Le Cardinal fit prononcer sur le champ, dès sa réception, un arrêt signé de Louis XIII, décrétant la dissolution de la Compagnie de Saint-Christophe au motif de ce qu'aucun des associés ne s'était donné le soin de penser aux habitants de cette île. Puis il la remplaça, avec des visées plus hautes, par la Compagnie des Isles d'Amérique. Les pensées du Cardinal prenaient de l'ampleur. Par son influence il fit entrer dans l'association l'amiral de Razilly auquel il tenait, Fouquet, Vicomte de Vaux, résident de la cour de Bretagne et père du célèbre surintendant des finances sous Louis XIV, le Duc de Luynes, le Marquis de Tronsac, surintendant de la navigation et un certain nombre de hauts personnages. Richelieu, de plus, n'hésita pas à y entrer lui-même pour une somme de trente mille livres. Cet ensemble constituait une armature solide.

L'acte de la Compagnie des Isles d'Amérique fût dressé le 12 février 1635. D'Esnambuc demeurait gouverneur de Saint-Christophe et on lui adjoignait comme lieutenant Charles de l'Olive. Ce dernier choix fut mauvais. Charles de l'Olive jouera par la suite en Guadeloupe, un rôle de premier plan dans une organisation que son incapacité amènera au désastre. A Paris, ce fut Fouquet qui fût vraiment l'âme de la Société. La présence de l'amiral de Razilly eut, de son côté, les conséquences les plus heureuses. Il ne cessait dans ses rapports au roi, (malgré l'opposition d'un entourage royal discret mais tenace) d'insister sur la nécessité d'avoir une marine puissante et, si l'état des finances ne le permettait pas, réduite mais efficace. Par là même, l'obligation de posséder des bases lointaines, même sous un couvert commercial, afin d'avoir des points d'appui. De ce côté, l'amiral rejoignait les pensées de Louis XIII et celles du Cardinal. Dans ce domaine, quoique l'on ait voulu minimiser le rôle du roi au profit de Richelieu dans l'histoire et dans la légende, l'influence de Louis XIII était certaine, sinon décisive. Pendant dix-huit ans, le Cardinal ne se maintint au pouvoir que par la volonté du souverain, qui pourtant ne l'aimait guère, mais appréciait

Louis XIII, Roi de France

son utilité, ses capacités et son dévouement à sa personne et à l'Etat. Et cela en dépit de la Reine Marie de Médicis, qui le détestait, de la Reine Anne d'Autriche, qui ne pouvait le souffrir et de son frère, le Duc Gaston d'Orléans, qui le haïssait et tenta plusieurs fois de le faire assassiner. Mais le Cardinal, connaissant les bons sentiments que certains nourrissaient à son endroit, était terriblement méfiant.

Louis XIII, en dehors de ses préférences personnelles, savait choisir ses hommes, tel le jeune Conde, que le roi ne tenait pas en particulière affection et qui, à vingt-deux ans, écrasa les Espagnols à Rocroy. Dès que la Compagnie des Isles d'Amérique est fondée, les choses à Saint-Christophe progressent rapidement. Un trafic de plus en plus intense se fait entre la métropole et l'île. Les demeures des colons s'améliorent, leur existence aussi et de nouveaux venus s'installent. La même année, les missions pour les îles s'organisent de façon plus stable sous l'influence énergique de l'autoritaire ministre. Le couvent des dominicains de la Rue Saint-Jacques à Paris, dont le Prieur était le R. P. Carré, avait assez souvent bénéficié des largesses du Cardinal. Richelieu était donc assez à l'aise pour demander un retour à ses bienfaits. De plus, ses décisions étaient pratiquement "décisions d'Etat". Le ministre obtint donc le départ de quatre pères pour Saint-Christophe. Pour organiser canoniquement les missions aux îles, Richelieu, qui ne confiait rien au hasard, sollicita un *Bref* du Saint-Siège. Il l'obtint du Pape Urbain VIII. Mais le Cardinal était prudent. Ce *Bref*, relate le Père Du Tertre, était une dérogation à la bulle du Pape Alexandre VI, du 12 mai 1493, par laquelle celui-ci : *"Donnait aux Roys catholiques Ferdinand et Isabelle et à leurs successeurs, la propriété des terres fermes et îles de l'Amérique découvertes et à découvrir, avec défense sous peine d'excommunication, de toutes personnes de quelque qualité et condition qu'elles puissent être, quand même ils seraient rois ou empereurs, d'y aller ou trafiquer sans la permission des dits rois catholiques."*

Il s'agissait des rois d'Espagne. Pour le Cardinal de Richelieu, homme sage, son *Bref* était une solide garantie pour l'avenir contre la bulle d'Alexandre VI, qui avait d'ailleurs fait se hérisser des années plus tôt le roi de France, François Ier, sans compter celui d'Angleterre, Henri VIII. Il en garda l'original, estimant d'une grande imprudence de le laisser traîner en d'autres mains. En effet, comme dit plus haut, ce *Bref* levait en fait toutes les défenses et censures d'Alexandre VI. Le ministre se contenta donc d'en donner des copies à ses moines. Cette autorisation du Saint-Siège devait largement contribuer à limiter les heurts entre les moines français et les prédicateurs espagnols.

En juillet 1635, de l'Olive et Du Plessis débarquent en Guadeloupe avec six cents hommes, mais pour leur propre compte, sans trop se soucier de d'Esnambuc. Les Caraïbes, devant ce débarquement assez massif, ne semblent pas avoir fait preuve d'une véritable hostilité. La diplomatie du gouverneur de Saint-Christophe y avait sans doute contribué. Celui-ci n'insista pas, voulant vraisemblablement éviter des rivalités qui commençaient déjà à poindre. C'est en cette année 1635 que le Père Breton arrive aux îles. Ses narrations sur leur situation sont très instructives. Le Père Du Tertre, qui y débarquera en 1640, fait œuvre d'observations sagaces et laissera une œuvre historique de plusieurs volumes. Le Père Breton lui reprochera de l'avoir plagié, mais lui-même s'était documenté sur les données de Rochefort, en dehors de ses observations personnelles.

Cependant, l'occupation de la Guadeloupe a servi de leçon à d'Esnambuc. Pour ne pas être devancé une seconde fois, il débarque en personne à la Martinique au nom du roi de France et en prend possession le 15 septembre 1635. Son premier soin fût d'y construire un fort muni de canons. Le 12 novembre voyant son installation relativement assurée, il écrit au Cardinal de Richelieu pour l'aviser de cette prise de possession. D'Esnambuc songea alors, même pour un temps, à rentrer en France. Assez à l'aise, après tant d'efforts, il souhaitait récupérer, voire arrondir, le petit domaine ancestral que le coût de ses premiers voyages avait assez endetté. La colonie de Saint-Christophe était en pleine prospérité, un avenir brillant se dessinait pour la Martinique, dont le gouverneur du Parquet, frère de celui qui avait été tué à Saint-Christophe et avait hérité de son titre, avait sagement fait la paix avec les Caraïbes et conclu un accord avec eux. Accord qu'il faisait scrupuleusement respecter par ses gens. Bien qu'assez jeune, du Parquet ne manquait pas de bon sens, et estimait qu'il était plus bénéfique de vivre en paix avec ses voisins, même “les sauvages”, qui après tout étaient chez eux, que d'avoir des conflits perpétuels qui ne valaient rien pour personne et ruinaient tout le monde.

En Guadeloupe par contre, l'anarchie régnait. Pour dire vrai, elle était totale. De l'Olive se révélait être un administrateur déplorable, vindicatif et brutal. Il était haï de tous les colons. La mort de du Plessis

Paysage de la Guadeloupe

survenue quelque temps après son arrivée le laissait seul maître. Rien ne pouvait plus désormais mettre un frein à ses méthodes destructrices. Pour compléter le tout, il était entré en guerre avec les Caraïbes pour s'emparer de leur récolte. En conséquence, les champs de ses colons étaient dévastés par les indiens et leurs propriétaires affamés, leurs cases souvent incendiées, n'osaient s'aventurer trop à l'intérieur, craignant d'y trouver la mort. De l'Olive demanda maintes fois l'aide de d'Esnambuc. Celui-ci à plusieurs reprises lui envoya du ravitaillement et quelques remontrances discrètes, mais évita d'autres interventions, craignant, non sans raison, de mettre sa canne dans ce nid de guêpes.

Le gouverneur de Saint-Christophe eut alors une nouvelle déception. Les seigneurs de la Compagnie estimèrent que sa présence aux îles était toujours nécessaire et ils lui demandèrent de bien vouloir remettre son voyage à plus tard. D'Esnambuc s'inclina par discipline, mais il était déjà miné par les fièvres paludéennes, usé, malade. Il s'éteignit brusquement en juin 1637, dans les bras d'un père accouru en hâte pour l'administrer. Le gouverneur Anglais Warner, dont les démêlés avec le pionnier français avaient été assez fréquents et parfois violents, tint cependant à lui rendre un hommage particulier. Il assista en personne aux funérailles avec une compagnie entière, dont le capitaine tenait l'étendard des Léopards d'Angleterre, venue rendre les honneurs à Pierre Bélain d'Esnambuc.

Ce n'est qu'en septembre de la même année, trois mois plus tard, que Richelieu apprit la mort de son colonisateur. Il en fût consterné. A cette nouvelle inattendue, il en fît l'annonce à son entourage chapeau bas en s'écriant : *"Le roi vient de perdre un des plus fidèles serviteurs de son Etat. Cet homme mérite d'être appelé le 'Grand d'Esnambuc'"*. De la part du Cardinal l'éloge n'était pas mince. Il avait coutume d'appeler *"Serviteurs très humbles"* ceux qu'il estimait ne rendre que des services modestes, car il exigeait beaucoup et ne leur voulait guère grand bien. Aussi, à côté de très hautes qualités il avait aussi ses défauts. D'une intelligence hors pair, d'une capacité et d'une puissance de travail presque unique, il n'aimait pas que les autres l'ignorent. D'une fierté orgueilleuse, il disait : *"Je couvre tout de ma robe rouge"*. Il possédait en particulier une rancune tenace, parfois féroce.

Le maréchal de Marillac et de Pontis, en firent la pénible expérience. On accusa Marillac, sans en fournir la preuve, d'avoir détourné de l'argent destiné à ses soldats. Le tribunal était composé de gens choisis par le Cardinal, siégeant sous ses yeux, dans sa propre maison. Pourtant, il ne fût condamné qu'à une voix de majorité et décapité. De Pontis était lieutenant aux gardes du roi, et fort estimé de Louis XIII. Richelieu lui demanda d'entrer dans sa garde personnelle. De Pontis déclina l'offre. Ce refus lui attira l'animosité du redoutable Cardinal.

Le ministre ne lui pardonna jamais, malgré l'intervention du maréchal de Breze, qui avait pourtant sa confiance et dont l'influence était grande auprès du roi. Sans doute était-ce là son côté faible, la rançon d'une âme d'une trempe exceptionnelle. Ces défaillances n'en sont que plus regrettables chez un homme d'une telle valeur et un prélat de si haut rang.

La mort imprévue de d'Esnambuc, plongea les seigneurs de la Compagnie dans un grand embarras. Il fallait d'urgence lui désigner un successeur, déjouer les intrigues qui déjà se faisaient jour. Dans ce genre d'affaires les ambitions se découvrent, s'étalent toutes nues. Beaucoup briguaient la succession, même les moins capables, surtout ceux-là. Après bien des atermoiements, des tractations, Monseigneur De Poincy fut désigné comme Capitaine Général de Saint-Christophe et lieutenant général des îles, pour le roi de France et soumises à lui.

De Poincy, âgé de cinquante-sept ans, était commandeur de l'Ordre de Malte. Il avait de plus l'appui du roi et celui du Cardinal. Il n'était guère possible de mieux choisir. De Poincy avait une tête sur les épaules, parfois même un peu trop forte. Après des péripéties qui sont hors de sa destitution par la reine de Louis XIII, il se retourna contre les agents de sa chute. Toutefois, rétabli dans ses fonctions et titres, il donna la plénitude de ses capacités, les seigneurs de la Compagnie s'étant résignés à approuver ce qu'ils ne pouvaient empêcher. La reine d'ailleurs, aux prises à Paris avec une révolte grondante, n'était pas femme à se multiplier les ennuis pour des questions de personnes aux Antilles. En 1646, De Poincy décida l'occupation définitive de Saint-Barthélemy. Sans nul doute, il était bien renseigné sur l'île. Peut-être l'avait-il visitée n'étant point homme à construire sur le sable.

Suivant le Père Du Tertre : *"Il envoya le Sieur Jacques Gente avec 40 ou 50 hommes* (52 exactement, documents d'archives), *pour s'y établir. Cette petite colonie s'accrut par les soins de quelques habitants de Saint-Christophe et particulièrement du Sieur Bonhomme qui installèrent des habitations dans lesquelles ils installèrent des Français et des nègres sous la conduite de commandeurs, mais ce n'était que pour complaire à De Poincy et il ne faut pas s'étonner si l'île n'a jamais été très peuplée."*

Les renseignements sur la vie des premiers colons à Saint-Barthélemy étant assez maigres, on est réduit aux suppositions. Il n'y a probablement jamais eu dans l'île de forêts toujours vertes, mais elle était suffisamment boisée pour permettre la construction de demeures, et par la suite celle de chaloupes, la réparation de navires. Le galac en particulier, bois très dur, était très abondant. Le poirier rouge ne manquait pas, de même que le poirier blanc (espèces qui n'ont rien de commun avec les arbres fruitiers d'Europe, sinon vaguement leurs feuilles, d'où peut-être leur nom). Certaines plantes, tel le rocou (ricin) aujourd'hui disparu, durent être importées par les indiens. Les manguiers, citronniers, orangers, arbres à pain (ce dernier en particulier très rare de nos jours) et divers autres arbres, le furent par les colons. Les lataniers ne feront leur apparition qu'en 1890, grâce à l'initiative du Père Morvan. Il existe de petites forêts de lataniers dans l'île, en particulier dans le quartier des flamands.

En trois siècles, il est certain que les variétés végétales ont été profondément transformées et les formations arborescentes dégradées. Les premières plantes vivrières des colons furent sans doute le manioc avec lequel l'on confectionnait des galettes, le maïs, le mil, les pommes de terre surtout qui servaient également à nourrir les bêtes, car il devait y avoir du menu bétail, en particulier des cabris. Il devait aussi s'y cultiver quelques tubercules divers, ignames, malangas, etc. Comme produit d'exportation, le principal fût d'emblée le tabac (disparu de nos jours). Le Père Du Tertre déclare, qu'à son avis, on n'y fera jamais autre chose. Ces cultures, en particulier celle du tabac, prouvent de façon irréfutable que l'île, sans recevoir de pluies très abondantes, n'était pas aussi sèche qu'aujourd'hui, et sans doute plus boisée. Les textes qui par la suite signaleront les tribulations des habitants de Saint-Barthélemy ne seront guère prolixes sur leurs activités économiques.

CHAPÎTRE 3

De Poincy et l'Ordre de Malte 1648 - 1770

De Poincy avait également pris pied à Saint-Martin avec l'accord de quelques colons hollandais. Ils s'installèrent après le départ des Espagnols, désintéressés d'un pays qui ne rapportait rien et dont l'occupation exigeait une garnison coûteuse. Des Français, en petit nombre, étaient restés également.

Le 17 mars 1648, le gouverneur envoya trois cents soldats à Saint-Martin pour occuper la partie de l'île concédée aux Français et dont les Hollandais, s'estimant assez forts, avaient chassé les quelques résidents. En ces temps agités les conventions d'accords étaient vite oubliées. Les Hollandais trouvaient beaucoup plus avantageux de garder Saint-Martin pour eux seuls. A Saint-Christophe, en 1629, Warner avait eu les mêmes pensées. De Poincy n'aimait pas ces mauvaises façons. La tolérance de vilaines manières n'était pas dans son genre et il le fit savoir : *"S'il n'était point réparé, je ne saurais laisser sans vengeance l'outrage fait à mon souverain le jeune roi Louis de France".* Accompagné de trois cents mousquets tenus par des gens qui n'étaient pas des tendres et de quelques frégates de guerre, le message fut vite compris. Le gouverneur hollandais, navré, expliqua qu'il ne pouvait s'agir que d'un affreux malentendu, peut-être une discussion puérile au sujet d'une borne bordant un champ, mal interprétée par un émissaire maladroit. Lui, chasser les Français, après s'être mis d'accord avec De Poincy, comment cela pouvait-il se faire ? De Poincy eut la sagesse de se contenter de ces explications assez douteuses et tout rentra dans l'ordre, chacun occupant sa portion de l'île.

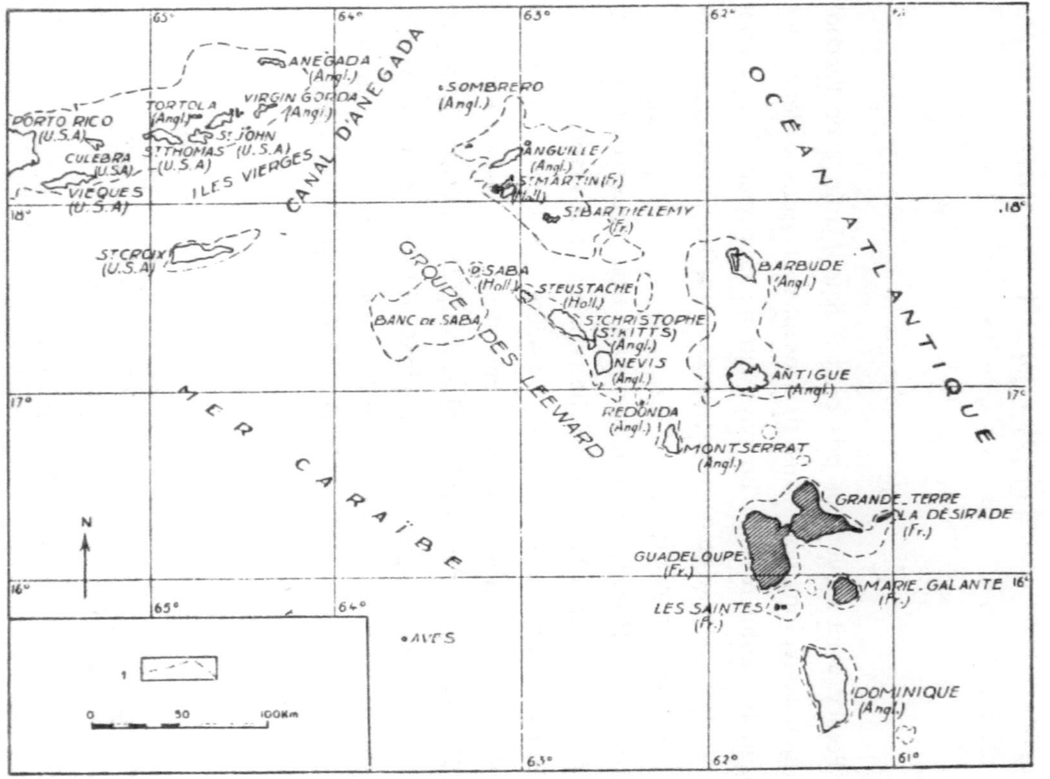

Carte de localisation des îles Saint-Martin et Saint-Barthélemy par rapport au “continent” guadeloupéen.

L'ORDRE DE MALTE

En 1651, Saint-Barthélemy, et la partie française de Saint-Martin, sont achetées à la Compagnie des Isles d'Amérique et cédées à l'Ordre de Malte par l'intermédiaire du gouverneur de Saint-Christophe. Dans cette circonstance, De Poincy se révéla aussi excellent diplomate qu'il était bon administrateur. Face à la menace espagnole grandissante, il désirait se donner un appui solide. Les Espagnols, en effet, commençaient à regarder d'un œil singulièrement envieux les établissements français, leurs forts, leurs petites garnisons, les colons de plus en plus nombreux, les navires au pavillon à fleur-de-lys qui croisaient très à l'aise dans la mer des Antilles, sans compter les corsaires étrangers qui trafiquaient parfois dans les îles françaises le fruit de leurs rapines.

Déjà à la cour d'Espagne, on envisageait la nécessité urgente de raser de façon totale et définitive les installations françaises, anglaises et hollandaises, de n'y laisser que des poutres calcinées et des mauvaises herbes, bien mieux que ne l'avait fait Don Frederic. De Poincy avait compris le danger auquel il lui était impossible de faire face seul. Les galions et vaisseaux de guerre espagnols rôdant de plus en plus nombreux autour de ses rochers, hâtèrent sa décision. L'Ordre de Malte avait, à l'époque la puissance d'un royaume. Ses richesses immenses suscitaient l'envie, mais aucun prince n'osait y toucher. Ses flottes de corsaires en Méditerranée étaient en guerre constante avec les sultans turcs et autres souverains musulmans. C'était là sa raison d'être ; lutter contre les infidèles. N'entrait pas dans l'Ordre “le premier venu”. Arriver “Commandeur” signifiait déjà être capable d'être chef d'escadre et en avoir donné la preuve.

Le plus grand des marins français était Duquesne, mais un siècle plus tard ce fut le Bailly de Suffren. Bailly de l'Ordre de Malte, titre légèrement supérieur. Il est certain que lors des pourparlers, De Poincy a posé comme condition personnelle à leur réussite, son maintien comme gouverneur à Saint-Martin et à Saint-Barthélemy. L'Ordre de Malte n'avait que des avantages à lui donner cette satisfaction. Ayant réglé cette question de cession plus fictive que réelle, De Poincy est plus tranquille quant aux menaces extérieures. Il continue, au nom de l'Ordre, à assumer le gouvernement des deux îles cédées, ce qui avait l'avantage de ne créer aucun changement dans la direction d'ensemble, les successions de tutelle étant souvent assez tumultueuses et généralement néfastes à la prospérité générale.

L'Espagne avait trop besoin de l'Ordre de Malte pour essayer de faire main basse ou d'abîmer ses deux cailloux. Tenter d'intervenir à Saint-Christophe et dans les autres possessions françaises, alors que venait d'être signé le traité de Westphalie (bien que l'Espagne ne l'ait pas signé), c'était mécontenter plusieurs puissances qui estimaient, non sans raison, que cette Guerre de trente ans avait assez duré, et la certitude d'irriter un commandeur de l'Ordre peu habitué à avoir les pieds piétinés. La monarchie espagnole, en guerre comme elle le fut pendant deux siècles avec l'humanité presque entière, et qui s'affaiblissait continuellement, ne souhaitait pas un surcroît d'ennuis.

L'année de ce traité de cession, 1651, les missions dans les îles s'organisent de façon plus stable. Les jésuites s'efforcent, avec le sou-

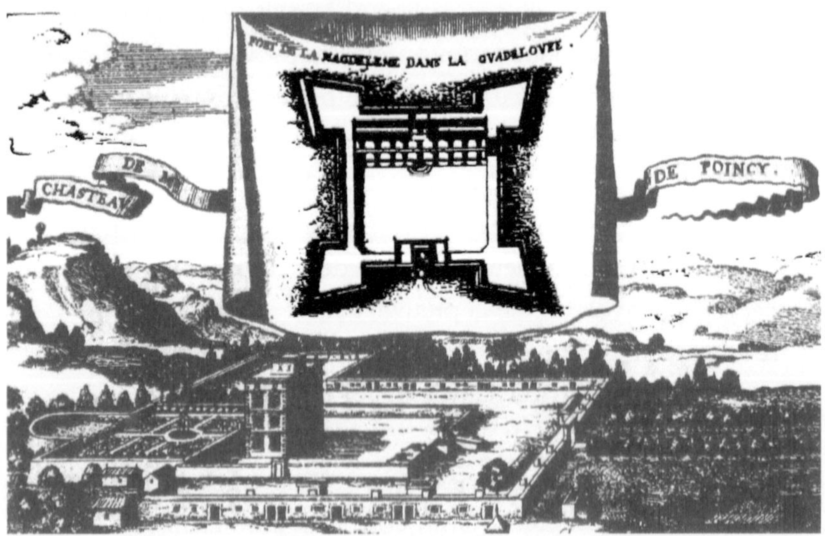

Château de Sieur de Poincy

tien de De Poincy, de s'installer à Saint-Martin. En réalité, ce furent surtout des missionnaires de passage. Ils se rendent parfois à Saint-Barthélemy, mais leurs bases réelles sont Saint-Christophe et la Guadeloupe. Ce défaut d'une résidence, pourtant souhaitable, était sans grandes conséquences. Il n'y avait pas d'indigènes à convertir. Il faut admettre aussi que les hommes de De Poincy, pas plus que ceux de d'Esnambuc, n'étaient des petits saints. La conduite de certains ne leur donnait pas toujours droit à l'eucharistie, les ciboires se vidaient lentement, les tables de communion n'étaient pas assiégées. Les cérémonies, rares d'ailleurs, sauvaient les apparences.

Il faut dire aussi que les rivalités entre les ordres religieux ne simplifiaient pas les choses. Chaque ordre désirant s'octroyer une position privilégiée. Dominicains, capucins, jésuites, vécurent en assez bonne intelligence. Il n'en fut pas de même des carmes arrivés en 1656. Les dominicains, devant cette concurrence, demandaient aux carmes leurs lettres de pouvoir religieux, et ceux-ci réclamaient le *Bref* original d'Urbain VIII et non la copie, à leurs yeux sans valeur, aux dominicains qui ne le possédaient pas. Celui-ci étant détenu par le Cardinal Mazarin, successeur de Richelieu, qui le gardait précieusement de peur qu'il ne s'envola on ne sait où.

Pour compléter le tout, les seigneurs de la Compagnie n'avaient aucun intérêt à aplanir ces discordes qu'ils suscitaient d'ailleurs volontiers. Ce régime seigneurial[1], qui se poursuivra jusqu'en 1674, ne tenait pas à voir les ordres missionnaires prendre trop de puissance dans leur chasse gardée. Entre seigneurs, propriétaires et religieux, les conceptions bien différentes étaient séparées par un abîme.

Pour éviter tous ces heurts, le R. P. Breton avait souhaité la nomi-

---

[1]Note de l'éditeur : Le régime seigneurial se réfère aux principes d'organisation de l'activité économique et sociale de l'Europe médiévale, et sous lesquelles les terres et la production étaient réglementées, et de la justice et les impôts administrés.

nation d'un évêque pour les îles, coiffant tous les ordres religieux, mettant en principe fin à leurs querelles intestines, à leurs rivalités de préséance, pour le bien, estimait-il, de la foi catholique. Il échoua. Les gouverneurs redoutaient que l'autorité, autant que le prestige, d'un évêque ne rivalise avec la leur. Aucun "prince" de l'Eglise, surtout étranger, même de passage, n'était désirable. Toutes ces mesures étaient prises pour éviter une visite ennuyeuse que les autorités qualifiaient d'indiscrète. Toutes les démarches des prêtres, toutes les recommandations des supérieurs, toutes les tentatives de Rome, se heurtèrent et se brisèrent contre le roc d'intérêt.

Le gouverneur de la Guadeloupe, Houel, tenta de forcer les barrages. Mais, avec la pensée intéressée de caser son oncle à l'évêché, il s'y cassa les reins. Aigri par cet échec, il s'efforce de nommer et de défaire les curés. Il justifie ses interventions arguant qu'il n'y a pas d'évêque en Guadeloupe, et qu'en conséquence les fonctions nominatives lui en reviennent. Il calcule, combine l'expulsion du Père Breton qu'il traite avec le dernier mépris, se heurte ensuite au Père Du Tertre, qu'un jour il repousse en lui appliquant le bout de sa canne au creux de l'estomac. Il advint en 1698, que l'archevêque de Saint-Domingue, Don Ferdinand de Carsabal de Ribera, par suite d'une avarie de vaisseau, dut faire relâche en Guadeloupe. L'on peut juger de l'ennui du gouverneur devant ce visiteur imprévu.

La France était en paix avec l'Espagne. Le duc d'Anjou, petit fils de Louis XIV, venait d'en être reconnu roi sous le nom de Philippe V. En conséquence, l'archevêque, sa présence si peu désirable fut elle, n'en n'était pas moins un très haut seigneur, ami de la France, qu'il ne fallait manier qu'avec des gants bien blancs et d'infinies précautions. Les religieux profitèrent de son passage pour lui demander avec déférence, de bien vouloir consentir à conférer le sacrement de confirmation aux personnes qui en étaient privées depuis un temps assez long. C'était un événement inouï. Le prélat y consentit volontiers. A cette annonce, le gouverneur et toutes les autorités civiles en eurent des sueurs froides. Dans leur désarroi ils sollicitèrent de l'archevêque, et par écrit, que ce geste, en vertu de la bulle d'Urbain VIII, ne porterait aucune atteinte à l'autorité religieuse de la France ou à ses ordres monastiques, et que cette action ne saurait, en aucun cas, être considérée comme une influence de l'archevêque de Saint-Domingue sur les îles françaises d'Amérique.

Don Ferdinand n'avait pas de pareilles visées. Il ne sourcilla pas devant ces inélégantes manières et accepta. L'on ignore ce que furent ses secrètes pensées. Son ministère achevé, un bâtiment français, le *Prince de Prise*, fut mis à la disposition pour lui permettre de poursuivre son voyage. Tout en le comblant d'égards, le gouverneur ne tenait pas à garder trop longtemps ce très haut et très encombrant dignitaire. Les gouverneurs, leurs auxiliaires, le roi lui-même, n'aimaient pas que les tiers ouvrent trop largement la porte du poulailler, dont ils gardaient jalousement les clés, pour y examiner leurs volailles. Beaucoup de religieux (pas tous) partageaient cette manière de voir, et ces derniers, bien que souvent en zizanie avec les autorités, étaient en plein accord sur un point : pas de coup d'œil clandestin !

Cette position, qui ne peut qu'étonner de nos jours, mérite une explication. On doit rappeler qu'à cette époque, toujours issu d'une famille noble, un évêque est un personnage fort considérable entouré de toutes sortes d'honneurs et de ménagements, et qu'il convient de conserver à l'abri derrière les murs d'un palais épiscopal aux parquets bien cirés et de l'ordonnance stylée, sous la vigilante et respectueuse attention de majordomes, chambellans et valets de pied, aux fonctions précises et déterminées par un rigoureux protocole. Tout ce monde en livrée et perruque glisse, dans le silence ouaté des antichambres décorées de tableaux de maîtres, de vaisselle d'argent et de meubles d'époque, pourchassant la poussière et introduisant cérémonieusement à l'audience quelque privilégié. On ne risquait pas sa "Grandeur" sur des chemins incertains et périlleux. En de très rares occasions pouvait-on l'apercevoir descendre de son carrosse, soutenue par les bras puissants et précautionneux de ses laquais. Guidée par des mains prévenantes, elle entrait majestueusement en sa cathédrale, donnant parcimonieusement à baiser une main gantée, alourdie de l'anneau pastoral d'améthyste. Entourée d'un clergé empressé, ses biens aimés coopérateurs, comme elle se plaît à les nommer dans sa paternelle condescendance, le front étincelant sous la mitre d'or, la lourde crosse martelant le pavé, son "Excellence Révérendissime" évoluait, irréelle, parmi les vapeurs embaumées de l'encens et les coussins moelleux, en de pompeuses cérémonies, distribuant autour de l'autel et du trône timbré de ses nobles armes, sur les fronts courbés, d'onctueuses bénédictions.

Devant l'opposition, déférente mais tenace, à la nomination d'un prélat aux Antilles françaises, Rome essaie en 1727 un acte d'autorité. L'abbé Gervaise, ordonné évêque par le Pape Benoît XIII, est envoyé dans ce but aux Antilles. Arrivé en Guadeloupe, il se heurte à une hostilité générale, ne peut exercer aucun ministère, pas même célébrer une messe dit-on, les portes lui étant closes. Il va porter son zèle à Saint-Martin, où il vit misérablement. En désespoir de cause, il se rend en Guyane hollandaise, chez les indiens galibis, qui le massacrèrent. L'infortuné pasteur sans troupeau avait quand même donné sa vie pour ses brebis.

En 1773, un prêtre de Besançon, Perreau, fut sur le point de devenir le premier évêque résidentiel aux Antilles. Il y avait résidé et en connaissait bien la situation religieuse. Le roi Louis XV avait accepté, en accord avec Rome, qu'il fut nommé à cette fonction, à charge pour lui de recruter un clergé séculier. En un mois, l'abbé recruta cent volontaires, mais l'envoi de la bulle pontificale tardait à venir. Le roi mourut, le gouvernement fut changé, le pauvre abbé se ruina en préparatifs… et finalement ne partit pas[2]. Il faudra attendre 1851 pour que soit nommé le premier évêque de la Guadeloupe.

---

[2] Cette documentation religieuse provient du journal catholique "Chartes". N° 1146 et 1147.

L'ATTAQUE SURPRISE DES CARAÏBES

Grâce à la diplomatie de De Poincy, à l'abri des menaces espagnoles, sous une administration solide et efficace, Saint-Barthélemy pouvait espérer jouir de jours paisibles. Hélas il n'en fût rien. L'orage vint d'où on ne l'attendait plus. En 1656, dans un raid surprise, de nuit comme toujours, les Caraïbes attaquèrent les colons à l'improviste. Assommés à coup de "boutous", ils furent massacrés en presque totalité, y compris femmes et enfants, et leurs têtes plantées sur des pieux exposées le long du rivage (vraisemblablement sur la plage de Lorient). Frappés de terreur, les quelques rares survivants s'efforcèrent de regagner Saint-Christophe.

Après ce carnage, l'île, pour un temps, fut laissée à l'abandon. En 1653, le même drame s'était produit à Marie Galante, petite île toute proche de la Guadeloupe. Il s'agissait cette fois des indiens de la Dominique. Les extravagances du gouverneur de la Guadeloupe, Houel, portaient leurs fruits. Cette façon féroce de faire la guerre, qui n'était pas dans les habitudes chrétiennes, dut grandement irriter et inquiéter le gouverneur de Saint-Christophe, peu familiarisé avec ces méchantes méthodes. Il va de soi qu'après cette sinistre aventure, plus aucun colon de Saint-Christophe n'était disposé à s'installer à Saint-Barthélemy, et les maîtres ne purent se résoudre à y envoyer leurs esclaves. Ce dernier fait prouve que les pitoyables "engagés" du début, du moins certains d'entre eux, possédaient une large aisance, sinon plus.

Comme Bélain d'Esnambuc, De Poincy eût la sagesse de ne pas se fourvoyer dans des interventions dans l'administration de la Guadeloupe où les choses n'étaient pas brillantes. Le successeur de Charles de l'Olive, Charles de Houel, (toujours lui), était un esprit brouillon, autoritaire. Son passage en douze ans ne fût qu'une suite d'intrigues, d'injustices. Le Père Du Tertre constate avec amertume que dans cette île, il y eut *"Plus d'innocents opprimés, de criminels absouts, plus d'histoires tragiques, qu'un grand empire en déplore quel-*

Un chevalier de Malte

quefois pendant un siècle." Dans tout cela, la Guadeloupe demeura abimée dans le malheur. L'on comprend aisément que De Poincy, que cette situation devait plutôt inquiéter et dont le gouvernement était indiscutablement bon, ne tenait pas à se mêler à des cabales ou appuyer de Houel de son autorité, personnage qu'il ne devait guère apprécier. Aussi se tint-il sagement à l'écart.

Malgré tout, De Poincy tenait à son idée d'un établissement définitif à Saint-Barthélemy. L'Ordre de Malte peut-être aussi, bien qu'il ne semble pas en avoir tiré grand profit, sinon un prestige accru, dont il n'avait pas besoin. Mais l'Ordre était certainement peu enclin à subir de pareilles humiliations. La paix s'étant, une fois de plus, rétablie avec les Caraïbes, le gouverneur de Saint-Christophe réexpédia à Saint-Barthélemy une trentaine de colons, lesquels, dit le Père Du Tertre, se sont insensiblement multipliés, en sorte qu'en 1664 il y en avait une centaine.

Il faut reconnaître aussi que Saint-Barthélemy était bien située sur les routes de navigation, disposait d'un bon havre, propice aux corsaires, et qu'il était nécessaire qu'aucune puissance hostile ne l'occupât. D'où l'obstination de De Poincy à ne pas lâcher l'île, cela joint à d'autres raisons.

Il semble qu'après la réoccupation de Saint-Barthélemy, le gouverneur se soit retiré. Agé d'environ quatre-vingt ans, après plus de vingt ans d'administration qu'il sût mener sans faiblir, cet homme avait plus que droit au repos. C'est lui qui, avec entêtement, fit Saint-Barthélemy. Pourtant son souvenir y est inconnu, pas même une plaque de rue ne porte son nom.

LA VENTE À LA FRANCE

En 1665, l'île fut rachetée à l'initiative de Colbert, ministre de Louis XIV, et sur le désir de ce dernier, à l'Ordre de Malte qui ne fit aucune opposition, ainsi que la partie de Saint-Martin lui appartenant. Toutes les îles françaises des Antilles passaient sous la tutelle de la Compagnie des Indes Occidentales que venait de fonder le ministre (celles des Iles d'Amérique ayant été dissoute[3]).

Les anciens seigneurs de la Compagnie des Iles d'Amérique ne firent que des oppositions verbales. M. des Hameaux, tuteur des en-

[3] Une copie des statuts de la "Compagnie des Indes Occidentales" datée de 1664, est disponible dans le Tome III de "Histoire générale des Antilles habitées par les Français". Père Du Tertre, 1671.

Louis XIV, roi de France

fants de du Parquet, protesta légèrement plus fort, mais le conseil du roi lui ayant donné l'assurance que ses pupilles, en aucun cas, ne seraient lésées, il n'insista pas. La guerre de Dévolution (1667 - 1668) mit un terme à la tranquillité générale qui durait depuis 1629. Saint-Christophe fut alors le théâtre de combats sanglants, où les deux gouverneurs français et anglais furent tués. Quelque temps l'île resta entièrement sous la domination française. Puis par le Traité de Breda (1667) elle revint totalement à l'Angleterre. Peu soucieux du traité, les Français en firent le siège et parvinrent à en chasser les Anglais.

Le Traité de Riswick (1697) la donne officiellement à la France. En 1702, à l'occasion de la guerre de la Succession d'Espagne (1701 - 1714), les Anglais la reprennent. Le Traité d'Utrecht (1713) la concède à l'Angleterre de façon définitive. Ces conflits perpétuels n'avaient sans nul doute pas favorisé l'évolution économique de Saint-Christophe. Mais déjà, assez à l'écart de ces troubles, Saint-Barthélemy, qui n'était plus dépendante de Saint-Christophe, commençait à vivre sa propre vie. L'île, une fois encore, avait changé de tutelle et était rattachée au Domaine royal en 1674.

Ce décret de Louis XIV fut initié sous l'impulsion de Colbert. Ce dernier pressentait que Saint-Christophe pouvait échapper à la France, et il désirait une base française face aux îles anglaises du nord. Le ministre voyait juste. Saint-Barthélemy se trouva donc rattachée au gouvernement de la Guadeloupe, qui elle aussi semble avoir échappé à l'autorité de la Compagnie des Indes Occidentales.

La population augmentait sans cesse et régulièrement. En 1687, elle était de cinq cent un habitants : trois cent cinquante-cinq blancs, cent quarante et un esclaves et cinq métis. Il va de soi qu'en dehors des naissances il y avait pas mal de nouveaux venus, certainement en grande majorité de Saint-Christophe (le nombre des esclaves le prouve), à la suite des troubles qui ensanglantaient l'île. Le petit rocher, avec les maigres ressources léguées par la nature, au milieu de heurts de tous genres, s'efforçait de survivre, voire progresser.

Jusqu'alors assez épargnés, la longue guerre de la Ligue d'Augsbourg (1688 - 1697) fit fondre sur les malheureux Saint-Barths de terribles calamités. Les habitants de Saint-Martin et de Saint-Barthélemy, jugés trop faibles pour se défendre furent évacués sur Saint-Christophe alors aux mains des Français, comme il est dit plus haut en 1690. Mais les Anglais n'ayant pas tardé à la reprendre, il fallut de nouveau déménager. La presque totalité des Saint-Barths regagnèrent leur île. Seuls les habitants les plus aisés restèrent en Guadeloupe, Martinique, ou Saint-Domingue. Il fallait vraiment aimer son île, au milieu de tant de déboires, pour ne pas la quitter définitivement. De leur côté, les habitants de Saint-Martin n'étaient pas épargnés. En 1703 le Gouverneur hollandais de Saint-Eustache chassa les Français de Saint-Martin. En 1706, un corps expéditionnaire reconquit l'île et, en échange de bons procédés, expulsa les Hollandais. Plus tard, lors de la guerre de la Succession d'Autriche (1740 - 1748), Saint-Martin fut de nouveau soumise au pillage. Des années plus tard, pendant la guerre de Sept Ans (1756 à 1763), l'île une fois de plus connut la dévastation. De quoi dégoûter à jamais les gens paisibles de continuer à vivre dans ces régions insalubres. Au cours du mois de février 1705, le célèbre Père Labat, qui décidément voulait tout voir, s'était rendu à Saint-Martin. Ce prêtre dominicain, truculent, jovial, un peu hâbleur, est une pittoresque figure. Dans des récits qui ne manquent pas de charme, il narre plaisamment ses relations avec les Caraïbes, les flibustiers, qu'il semble avoir tenu en assez bonne estime malgré leur inconduite, leurs pirateries et leurs désordres sanglants. Lors de son passage à Saint-Martin, il visita l'église de Marigot. *"Je la trouvai fort propre, j'inspectais les vases sacrés, les ornements et les livres... En sortant de l'église j'allais rendre visite au commandant hollandais. Il me reçut fort courtoisement, il parlait peu car il buvait beaucoup et souvent."*

Il est presque certain que le Père Labat passa à Saint-Barthélemy car il se rendit à Saint-Christophe. L'île était sur sa route mais on ne trouve aucune trace de son passage. En 1706, son influence grandissante qui gênait pas mal de gens le fit rappeler en Europe et il en fut très chagrin. Nul doute que quelques siècles plus tôt, il se fût taillé une place de choix parmi les moines guerriers.

Lors de son mariage avec l'infante d'Espagne Marie-Thérèse, le roi devait recevoir en dot de son épouse cinq cent milles écus. Elle renonçait aux droits de sa famille sur le trône d'Espagne. Mais ce pays, n'ayant pu payer cette somme, Louis XIV maintenait tous ses droits. La guerre de la Succession d'Espagne (1701 - 1714) s'en suivi. Le gouverneur général Phillipaux adressa à Versailles la suggestion suivante. *"Saint-Christophe étant toujours aux mains des Anglais ainsi qu'Antigua, et ceux-ci ayant dans les Antilles la maîtrise de la mer possédant en outre Nièves, Montserrat, il ne faut pas croire qu'à la moindre guerre Saint-Martin et Saint-Barthélemy puissent être soutenus."*

Ce n'était guère rassurant pour la population des deux îles, mais la suite était plus inquiétante. Pour éviter toute pensée d'invasion il conseillait : *"De n'y point entretenir de garnison, de milice, de n'y point nommer de commandant, de n'y point installer de batterie."*

Il y avait de quoi jeter la panique chez les malheureux habitants que l'on abandonnait froidement à leur sort, au bon vouloir et la générosité d'un agresseur éventuel. Ce genre de précaution, on s'en doute, ne pouvait guère suffire à assurer la neutralité des îles sans l'accord des adversaires.

Toutefois, les rapports adressés par les intendants plus ou moins enquêteurs au nom du roi ou de ses ministres n'étaient pas toujours semblables dans leurs conclusions. Celui adressé par François Roger Robert, intendant des îles d'Amérique au Secrétaire d'Etat à la marine Jérôme de Pontchartrain, le 25 octobre 1700, donne un tout autre son de cloche. Dans ce rapport, tout est passé au crible. L'auteur s'y livre à une critique incisive des méthodes de gouvernement alors courantes aux Antilles.

Parlant de Saint-Martin et de Saint-Barthélemy il écrit :

> *"Les îles de Saint-Martin et de Saint-Barthélemy ne sont point regardées comme fort importantes. Je regarde ces deux petites îles comme très utiles aux autres colonies françaises et particulièrement à celle de Saint-Christophe et je suis d'avis qu'il faut les conserver et avoir soin de leur donner protection et aussi aux anciens habitants qui y sont retournés et à ceux qui iront s'y établir pour les maintenir et leur donner courage à travailler pour s'y bien établir. Les petits habitants trouvent mille douceurs dans ces îles. La bonté de l'air y est merveilleuse. Ils ne savent pas ce que c'est que les maladies graves. Ils y vivent très longtemps et toujours en santé. Ils font nourriture des bestiaux et de volailles, plantent des vivres de toutes sortes et tout leur réussit à souhait. Plusieurs avant la guerre faisait de l'indigo qui se vendait très bien. Presque toutes les familles y ont nombre d'enfants de sorte que l'on tirera de ces îles lorsqu'elles seront bien habitées, force secours de bestiaux, de volailles et de vivres pour Saint-Christophe et les autres îles françaises. C'est pourquoi il est important de laisser s'habiter ces deux petites îles et d'en favoriser le développement. La consommation de toutes sortes de denrées nécessaires à la vie augmente aussi et pour y subvenir les petites îles sont absolument nécessaires. L'exemple de ce qui se passe à Saint-Eustache peut beaucoup servir à faire connaître que les Français ne doivent point négliger d'habiter les îles de Saint-Martin et de Saint-Barthélemy et de plus petites encore dont la terre fut bonne ou même mauvaise mais bien cultivée. De cette application, je crois pouvoir induire que les Français qui ont leurs plus fortes colonies près des îles de Saint-Martin et de Saint-Barthélemy doivent rétablir sans difficulté et avec soin ces deux petites îles."*

Monsieur François Roger Robert notait dans son rapport que sans les guerres fréquentes et les raids de corsaires armés que cette situation entraînait, les petites îles eussent été plus prospères et leurs habitants plus nombreux. Mais ces rapports, qu'ils émanent de Mrs Phillipaux, François Roger Robert ou autres, n'allèrent pas plus loin que le bureau des ministres, peut-être, accidentellement, celui du roi. En général, le voyage s'arrêtait là, sans qu'il y ait de décisions sauf à très rares exceptions. Louis XIV, d'ailleurs, à la fin de son règne, ruiné par les guerres sans nombre qu'il avait provoquées et ayant perdu ses grands ministres, ne pouvait plus rien. Excédés par cette ambiance de rapines et de guerre, les Saint-Barths, à leur tour, commençèrent à devenir corsaires. Embusqués derrière le Carénage, ils se dédommageaient à leur manière sur les navires de commerce anglais qui s'aventuraient dans les parages. Les Anglais, cela se conçoit, n'approuvaient guère cette façon personnelle de récupérer son bien en s'emparant de celui des autres. Cette sorte d'assurance ne leur plaisait pas du tout.

Baie de Lorient

Pirates

Ils ne pouvaient rester indifférents devant ce qu'ils qualifiaient de brigandages, d'actes de pirateries, en oubliant qu'ils en faisaient autant, d'où la continuation des malheurs de l'île.

UNE PAIX FRAGILE, PUIS LA GUERRE

Toutefois après cette série de tempêtes, pendant une trentaine d'années (1713 - 1744), Saint-Barthélemy vécut dans une paix relative sans être trop sûre de ce que le lendemain pourrait apporter. En raison de ce calme passager sur lequel la Cour de France ne se faisait aucune illusion, et en prévision des orages à venir, une ordonnance royale datée de 1733 prescrit la plantation en épaisses rangées sur les côtes où pouvaient débarquer l'ennemi, de cactus à raquettes communes et à raquettes blanches. Ces moyens de défense se révélèrent peu efficaces.

Mais, peut-être aussi ne furent-ils guère mis en application. L'idée pourtant était bonne, car on ne se promène pas aisément dans un barrage épais de raquettes blanches, parsemé de cactus, couvert de crocs à chiens. Sur dix ou vingt mètres d'épaisseur, il est pratiquement infranchissable, surtout à une troupe armée en guerre. Quelques bons tireurs dissimulés dans les buissons à cinquante mètres et les quelques rares soldats ou marins au sortir de ce barbelé naturel sont tirés comme des lapins. Pendant ce tiers de siècle de stabilité, tout à Saint-Barthélemy s'organise peu à peu. Et à la faveur de cette accalmie, la vie religieuse semble mieux réglée. Cela ne fut certainement pas chose très facile vu la rivalité des ordres religieux et les tendances des ouailles du temps. On était assez loin de la charité de Saint-Jean et plus éloigné encore des prêches et des épitres de Saint-Paul. Beaucoup, vu les ennuis de l'heure, avaient plus souvent les mains sur la crosse de leur pistolet que jointes devant les saints autels.

Dans les archives de la paroisse de Gustavia, on trouve trace d'un Père des Carmes, puis d'un capucin en 1724, le premier, Marc, le second, Dominique. Les années précédant la souveraineté suédoise, les curés de Marigot à Saint-Martin étaient en même temps curés de Gustavia. Les changements étaient fréquents, six en treize ans. Lors de l'arrivée du premier capucin, fin 1724, le commandant de l'île se nommait J. Greaux. Il le secondait et maintenait la discipline dans les églises (plutôt des chapelles). A cette époque lointaine, c'était la chose des plus nécessaires. Les offices ne se déroulaient pas toujours dans le calme. La principale cause d'agitation était la distribution du pain bénit. Cette distribution se faisait partant du haut de l'église, banc par banc, jusqu'à la porte. Pour maintenir l'ordre il fallut un décret royal frappant de cent cinquante livres d'amende, l'auteur de tout tumulte. De nos jours les paroissiens sont heureusement plus sages.

En 1743, la guerre recommence avec l'Angleterre. Elle durera jusqu'en 1748 et se terminera par le traité d'Aix La Chapelle, (guerre de la Succession d'Autriche). La France n'y récoltera que des déboires, Saint-Barthélemy des misères et des catastrophes. L'influence néfaste de la marquise de Pompadour porte ses fruits.

En 1744, les Anglais attaquèrent Saint-Barthélemy en force et gagnèrent, et ce malgré une assez vive résistance. Sans que cela soit une certitude, il fût probablement tué au cours des engagements qui durèrent plusieurs jours, certainement une sorte de guérilla qui dût mettre les assaillants hors d'eux-mêmes. L'attaque fut menée par le gouverneur d'Antigua, avec l'appui financier des négociants de la Nouvelle Angleterre (futur premier territoire des Etats-Unis) que les corsaires de Saint-Barthélemy devaient fort gêner. Les Anglais capturèrent les corsaires français et installèrent au Carénage leurs propres corsaires les laissant piller les malheureux petits habitants dont ils finirent par emporter jusqu'au bois des maisons. Puis, ils déportèrent de nombreuses familles à Saint-Christophe. Le général anglais, gouverneur de Saint-Christophe, blâma cependant cet excès de brutalité. Cette conduite de la part de gens sous son autorité n'était nullement de son goût. Il laissa donc le choix aux exilés forcés de rester ou de retourner chez eux. Il faut donc admettre un fait incontestable. Une population blanche d'origine française s'est cramponnée au cours de plusieurs siècles à son île malgré les dévastations engendrées par les guerres et les déportations, mêmes passagères, sans se laisser anéantir.

En cette petite île, dit un document : *"Tous ou presque travaillent à la terre. C'est peut-être le seul endroit de nos colonies où l'on retrouve les traces et usages de nos paysans d'Europe. La seule colonie européenne établie dans le Nouveau-monde où les hommes daignent, avec les esclaves, partager les travaux de l'agriculture."*

Et dans ce rapport il est écrit que : *"Saint-Barthélemy est toujours habitée par les descendants des colons de 1659. C'est de ceux-là même que descendent la plus grande partie des habitants existants."*

Le même document précise que : *"Les mœurs du pays y sont très françaises et que les Saint-Barths sont de très bonnes gens, très pauvres, honnêtes, assez ignorants et forts tracassiers"*.

Cette persistance de traits d'ensemble explique et peut justifier bien des choses.

Bien que placées sous l'autorité d'un gouverneur général résidant en Guadeloupe, Saint-Martin et Saint-Barthélemy avaient pour les deux îles un administrateur semblable à nos sous-préfets de nos jours, mais possédant une autorité beaucoup plus étendue et une liberté d'action beaucoup plus large pour la défense des intérêts de leur petit gouvernement. En dehors de ses commandants de milice, dont l'autorité était réelle et non fictive, on trouve dans les archives en l'année 1753, le nom du Sieur Alexis Brin, gouverneur de Saint-Barthélemy.

Lors de la guerre de Sept Ans, Saint-Barthélemy, peu protégée par les vaisseaux du roi qui ne savait où donner de la tête, connut toutes les misères. *"On ne s'occupe pas des écuries quand le feu est à la maison"*, paroles aimables d'un ministre de Louis XV au Marquis de Montcalm, venu solliciter des renforts pour sauver le Canada. Le désordre durera jusqu'au traité de Paris qui mit fin à cette guerre désastreuse pour la France et qui lui enleva une partie de ses possessions d'outre-mer. La France avait eu le choix. Ou abandonner les Antilles et conserver le Canada ou perdre celui-ci et garder les Antilles. Le gouvernement de Louis XV préféra opter pour la conservation de ses îles à sucre. Louis XV s'efforça d'ailleurs de présenter à une opinion publique exaspérée par tant d'erreurs et de désastres, le traité de Paris comme un véritable succès. Vu les circonstances, il l'était en effet.

Par chance, ce fléau terminé, la Cour de Versailles nomma en 1763 au gouvernement de Saint-Martin et Saint-Barthélemy le Sieur Descoudrelles, administrateur de classe. Le plus capable depuis De Poincy, il s'efforça de réparer les dégâts qui n'étaient pas minces. Actif, intelligent, adroit, il commença d'abord, allant au plus pressé, à repeupler Saint-Martin que les habitants avaient fuim une fois de plus, devant cette nouvelle tempête. Mais pour cette île, il fût contraint de faire appel à des étrangers et de leur donner des concessions. Une partie des habitants, devant tant de malheurs, ne sachant trop si ce serait les derniers, se montrait peu pressée d'y retourner. La somme demandée aux nouveaux colons était d'environ une gourde espagnole par carré, mais le tarif de cette monnaie suivant les fluctuations économiques variait parfois : six livres à certains moments, huit livres à d'autres. Le ministre Choiseul critiqua cette méthode de repeuplement, mais il ne reporta pas cette mesure. Peut-être en son for intérieur ne voyait-il guère d'autres moyens. Le Duc de Choiseul fût, avec le Cardinal de Fleury qui assura pendant dix ans le gouvernement durant la minorité de Louis XV (1715 - 1724), le seul grand ministre du roi. Ce dernier, en récompense de ses services, le pria de se retirer dans son domaine de Chanteloupe et de n'en plus sortir.

Pour Saint-Barthélemy les choses furent plus simples. La paix rétablie, les Saint-Barths regagnèrent peu à peu leurs anciens foyers qu'ils n'avaient d'ailleurs quittés qu'à contre cœur, et sous la pression des événements.

Louis XV, roi de France

"Ils sont tous rentrés depuis et Saint-Barthélemy est à peu près aussi peuplé à présent qu'il peut l'être."[4]

Cependant, en les épluchant un peu, on s'aperçoit que les documents d'archives ou leurs copies sont assez contradictoires. L'état de 1772 précise : *"L'île était peu peuplée et ce peu d'habitants qui y restait était complètement découragé"*. Pourtant lors d'un recensement effectué en 1766, la population accusait 523 habitants, guère plus certes qu'en 1687, mais après de telles calamités, il ne faut pas s'en étonner. Dès 1769, voyant que les choses s'amélioraient, le Comte d'Ennery, gouverneur général des îles, ordonna à Descoudrelles de prévoir la défense de l'île *"pour si tant la chose est possible la mettre à l'abri de nouveaux malheurs."*

Il y avait aussi une autre raison dont on ne parlait pas ou à voix basse. Le rapport de 1772, cité plus haut, précise nettement : *"Elle nous est d'une grande utilité en temps de guerre pour être la relâche de nos corsaires lorsqu'ils vont croiser autour des îles anglaises dont elle est voisine. Le même objet qui la fit occuper existe toujours et notre course serait trop gênée si cette île appartenait aux Anglais"*.

En vertu donc des instructions du gouverneur général, le Carénage et la baie de Saint-Jean furent protégés par des batteries. A Saint-Jean, elles furent installées sur le rocher où se trouve actuellement l'hôtel Eden-Rock. La portée de ses pièces était vraisemblablement de mille sept cents toises, soit dans les environs de deux mille cinq cents mètres. Le Comte d'Ennery fut l'un des meilleurs et des plus capables gouverneurs qu'aient eu les Antilles françaises. D'où une croissance assez rapide des îles. Il fait en ces termes l'éloge de Descoudrelles dans un rapport au roi : *"Grâce à une sage administration dont tous les colons se félicitent, il a repeuplé les îles. Sans secours, sans appui de personne, ce commandant a fait rendre respectable le pavillon*

[4] Rapport du Sieur Descoudrelles au gouverneur général.

français aux hollandais qui voulaient empiéter sur nos possessions de Saint-Martin."

Sous cette bonne administration, mais aussi en raison de la période de paix assez longue qui suit la guerre de Sept Ans, celle de l'indépendance américaine, la flotte anglaise et ses corsaires, étant occupés plus au nord, n'aura pas d'incidence trop fâcheuse sur l'île.

En 1775, Saint-Barthélemy atteint sept cent cinquante-quatre habitants, chiffre jamais égalé jusque-là. En moins de dix ans, grâce à une période de calme et une administration solide, la population de l'île avait augmenté de plus de deux cents habitants venus, sans nul doute, un peu des îles avoisinantes, ce qui laisse quelques doutes sur l'exactitude de l'état assez sombre de 1772. A cette époque, il est vaguement question dans des archives, que le temps a jauni, d'une usine de canne à sucre. Celle-ci ne pouvait se trouver, simple supposition, que dans la région de Saint-Jean. Mais elle ne devait pas être très prospère, sinon on en trouverait des traces plus solides dans les documents de l'époque. Il devait s'agir moins de sucre que de sirop, de mélasse. Correspondant à la prise de pouvoirs du Comte d'Ennery, le budget des cultes est réglé, théoriquement du moins, de façon définitive dans les îles soumises à l'autorité du roi de France.

TARIFS ET ORDONNANCES

On avait constaté, lors d'une inspection générale, d'énormes négligences dans l'administration religieuse, en particulier dans la tenue des livres. Fait d'autant plus regrettable que les actes signés des curés faisaient, à l'époque, autorité civile. On prit donc dans ce domaine, un assez grand nombre de décisions et, à ce sujet, un décret royal parait en 1773. Tout y est minutieusement mis au point sur le papier. La tenue des livres, les devoirs des marguilliers, l'équilibre du budget, la mise à pied des employés incapables, l'emploi des fonds, le nombre des quêtes, la location des bancs, l'usage des cloches, la convocation des assemblées paroissiales, etc. Les tarifs sont réglés : baptêmes, mariages, messes basses, grand messe, enterrements. Tout y est et suivant l'aisance des uns ou des autres, en général gratuit pour ceux qui n'ont rien. Mais cela resta certainement au fond des tiroirs après lecture car le 24 novembre 1781, Louis XVI, du Palais de Versailles, doit lancer une nouvelle ordonnance pour remédier à la négligence des biens de l'Eglise et faire cesser les abus. Cette fois le bon gros Louis XVI se fâche. C'est que les pauvres curés de paroisses avaient bien des soucis de tout genre.

Aussi l'ordonnance de 1781 n'est pas tendre : *"Les huées indécentes et les tumultes des blancs et surtout des nègres forçant les curés à ne plus administrer le sacrement de mariage que pendant la nuit et à des heures indues contre les règles de l'Eglise et les ordonnances royales. Défense est faite à toute personne de faire aucun bruit, ni commettre aucune irrévérence dans les églises sous peine de 500 livres d'amende pour les blancs, de huit jours de prison pour les nègres libres et de trois heures de carcan pour les esclaves, ce qui sera exécuté sur le champ par des officiers de police."*

L'Eglise à Gustavia au dix-neuvième siècle

En dehors de cette effervescence qui se faisait sentir et agitait surtout la Guadeloupe, il y avait quelque chose de mieux, en particulier à Saint-Barthélemy. Le dur travail dans un pays nouveau. L'éloignement de la Patrie, dont le souvenir bien que conservé s'estompait avec les années, que les générations nouvelles ne connaissaient que par les récits des aïeux. La défense constante d'un sol âpre et dur qui recelait les tombes familiales. Tout cela donna une certaine fierté dans la simplicité. Mais bientôt, les Saint-Barths allaient connaître un autre destin.

CHAPÎTRE 4

La Suède 1771 - 1876

En 1771, âgé de vingt-cinq ans, Gustave III, roi de Suède, des Goths, des Vandales (1746 - 1792), était monté sur le trône. Despote éclairé il voulait donner à la Suède la richesse et la puissance. Pour cela, il lui fallait un état central fort, au pouvoir royal incontesté. Pour y parvenir, il commença d'abord par briser la turbulente indépendance de la Noblesse aristocratique vis à vis de la Monarchie. Il le fit parfois sans douceur, malgré quelques hauts seigneurs peu habitués à ces choses. Il existait dans la noblesse suédoise, à cette époque, beaucoup de courtoisie respectueuse vis à vis du souverain, mais peu de soumission à ses édits. Gustave III, fut en quelque sorte le "Richelieu" de la Suède. En ayant terminé avec ses questions intérieures, désirant ouvrir à la Suède des horizons nouveaux, il prend contact avec l'Occident.

Au retour d'un voyage en Italie en 1784, passant par la France, il rend visite à Louis XVI, qui le reçut magnifiquement. Le comte de Vergennes alors ministre, avait été ambassadeur à Stockholm. Sa politique consistait à s'efforcer de grouper les petits états autour de la France, en alliance, et à réaliser une politique d'équilibre face aux grandes puissances, et à les intéresser à cette politique. Il connaissait Gustave III qu'il appréciait déjà lorsque celui-ci n'était encore que prince héritier. Il trouva en lui un partenaire approuvant cette politique.

Un accord fut assez vite conclu. Contre de considérables entrepôts de marchandises à Göteborg, grand centre commercial suédois, la France cédait Saint-Barthélemy à la Suède. Ce pays se trouvait par là même au cœur des Antilles et pouvait devenir un auxiliaire de

Gustave III

poids. S'il n'en était rien dit par écrit, il était très certainement sous-entendu que dans les conflits maritimes, devenus éternels entre la France et l'Angleterre, la Suède, ayant des intérêts aux Antilles, soutiendrait discrètement, sinon plus, la politique française. Les entrepôts de Göteborg pouvaient servir de justification pour un commerce actif des marchandises en provenance directe des pays nord-européens et d'Asie Occidentale avec les Antilles françaises, la métropole. Ils pouvaient aussi avoir l'avantage pour la France de briser en partie le monopole de la Compagnie Des Indes aux mains de l'Angleterre. Rien dans ce traité, théoriquement commercial (ou du moins en apparence), qui put indisposer les chancelleries européennes. Tout se fit d'ailleurs avec une discrétion de bon goût. Sans le moindre bruit tapageur. Les guerres, de la Révolution et de l'Empire, imprévisibles à l'époque, devaient quelque peu perturber ces subtils calculs.

Il est à noter, ce qui arrangeait assez bien les choses, que Saint-Barthélemy n'était pas la première entreprise coloniale de la Suède dans le nouveau monde. Entre 1653 et 1655, elle possédait des établissements dans le Delaware (U.S.A.). Au cours du XVIII siècle des plans furent de temps à autre établis pour obtenir une colonie aux Antilles, même de faible importance. La Suède désirait s'assurer une fourniture stable de produits coloniaux : le sucre, le café, le tabac, denrées qui coûtaient fort cher et grevaient le trésor national. On pensa un moment que Tobago pourrait devenir colonie suédoise. A plusieurs reprises des efforts furent faits pour obtenir de l'Espagne la cession de Porto Rico. Pendant la guerre de l'indépendance américaine, la Suède, sous l'impulsion de Gustave III, avec insistance, s'était efforcée de persuader la France de lui transférer une de ses îles antillaises. Il avait été question aussi de l'île de Vièques, dans les Iles Vierges. Ce désir suédois n'était donc pas une nouveauté pouvant effaroucher les diplomaties occidentales.

En dehors de cela, le gouvernement suédois avait possédé de solides établissements en Afrique noire, dans le Ghana actuel, à Cabocorso, ville qu'il avait fortifiée lui donnant le nom de Karlborg. Les ruines d'une imposante forteresse s'y dressent encore. Gustave III informa son gouvernement de la convention signée par une lettre en date du 8 juillet 1784.

Officiellement la Suède prit possession de Saint-Barthélemy le 7 mars 1785. A cette époque la population était dans l'île de 739 habitants : 458 blancs, 281 noirs.

Le rapport français daté du début de 1785 sur la situation économique de l'île est très loin d'être brillant. Toutefois ce tableau brossé si noir et qui contraste fort avec les états du Comte d'Ennery qui paraissent beaucoup plus justes, a peut-être été rendu sombre à dessein pour les besoins de la cause. Il insiste sur la misère de l'île, son peu de valeur et d'intérêt : "*Qui ne peut aller plus loin, à travers des halliers épais, on arrive par des sentiers détournés à une mauvaise case ou reste un homme et une femme avec sept ou huit enfants, qui le jour travaillent comme des nègres ; un esclave est le médecin de l'île, il a la confiance de tout le monde. On le dit fort expert pour la saignée, les fractures et les blessures. Un européen, marié là, sert d'écrivain, de notaire, et règle les affaires des habitants. Elles sont en mauvaises mains car c'est un ivrogne. Il s'exporte communément de cette île 300 balles de coton par an.*"[1]

Le coton, à cette époque, était la principale ressource de Saint-Barthélemy. Sur 592 carrés cultivables, 168 étaient en coton. Le rendement paraît des plus faibles et probablement inexact. Le carré représentait une superficie de 9 448 mètres carrés, soit près d'un hectare. Les chèvres (cabris) semblent être l'une des principales ressources de l'île 1 327 cabris (ils ont diminué de nos jours) et moutons, 52 bêtes à corne, 12 cochons, 1 cheval - ce dernier devait être celui de l'administrateur ou du commandant de la milice, bref une bête rare d'autant plus précieuse. En dehors du coton, il y avait 308 carrés en savanes, 116 en cultures maraîchères et vivrières.

Le Comte de Vergennes, ne souhaitait sans doute pas donner trop de valeur à sa cession, craignant de réveiller des suspicions inquiètes de l'Angleterre qui avait la gorge encore sèche de sa mise à la porte par les colons américains. Il est à remarquer que le mémoire de 1785 eût une plus large diffusion que les précédents. La preuve en est qu'il est beaucoup plus commun, ou sa copie, que les autres documents de cette époque dans les archives. Monsieur de Vergennes, un des très rares grands ministres de Louis XVI avec Turgot et Necker, (il n'en eût pas beaucoup le pauvre et il paya cette carence bien cher), savait manier la diplomatie.

---

[1] Archives de la France d'Outre-Mer : pièce n° 21 - Etat au début de 1785).

JEFFERSON ET LES U.S.A.

Monsieur De Staël, bien moins connu que son épouse, nièce de Monsieur Necker, avait mené les pourparlers en même temps que Vergennes, dont il était l'adjoint. Il écrivit à Thomas Jefferson, qui deviendra par la suite président des Etats-Unis, ce qu'à son avis il conviendrait de faire pour développer le commerce de Saint-Barthélemy au profit de la Suède et des Etats-Unis. Celui-ci répondit en citant l'exemple de Saint-Eustache et en soutenant que la création à Saint-Barthélemy d'un port entièrement franc sans aucune restriction dans les importations et les exportations attirerait le commerce américain. Il concluait que les Etats-Unis ont intérêt à ce que Saint-Barthélemy devienne un port franc, sans limitation, et de toute évidence tel est également l'intérêt de la Suède. L'opinion de l'américain ne faisait qu'encourager la justesse de la décision déjà prise par le roi de Suède. En effet, Gustave III, dans un trait de génie, par décret royal en date du 16 septembre 1765, déclara l'île "port franc" c'est à dire exemptée de tout statut douanier.

Cette mesure fût vivement approuvée par le président des Etats-Unis, Thomas Jefferson. Cette mesure permit au petit rocher de 1795 à 1820 d'envoyer à la Suède près de 4 millions de couronnes. Soit dans les trois milliards à quatre milliards de francs sans compter les sommes plus considérables investies pour l'aménagement de l'île. Et d'autres encore, tel le profit des particuliers, qui y construisirent des demeures et les dépenses administratives dont l'île pouvait assumer la charge en raison de ses ressources.

Saint-Barthélemy fut remise au premier gouverneur suédois, le baron Salomon Mauritz von Rajalin (1757 - 1825), par le gouverneur français de Saint-Martin et monsieur Descoudrelles. (Nous n'avons aucun document sur les modalités de ce transfert qui dut se faire avec beaucoup de courtoisie. A cette époque l'opinion de la population transférée comptait peu, aux Antilles ou ailleurs).

Le texte des trois premières ordonnances du gouverneur Salomon Mauritz von Rajalin nous a été procuré par une personne de Saint-Barthélemy.

Première Ordonnance concernant les taxes dues dans l'île de Saint-Barthélemy :

Nous, Salomon Mauritz de Royalin, 1784 - 1787, en vertu des pouvoirs conférés par Sa Majesté, permettons à tous vaisseaux de toute nation une libre entrée au port de Carénage situé dans l'île de Saint-Barthélemy et d'y importer toute espèce de marchandise, avec l'assurance qu'aucune sorte de douane sera prélevée sur elle, autre qu'un demi-dollar à leur départ, jusqu'à ce qu'il plaise à Sa Majesté d'en décider autrement.

Fait au Carénage, Saint-Barthélemy,
le 16 Avril 1785.
Salomon Mauritz de Royalin.

Seconde Ordonnance concernant les taxes dues dans l'île de Saint-Barthélemy :

Salomon Mauritz de Royalin, Chevalier de l'Ordre Royal et Militaire, de l'épée et du Mérite Militaire, Gouverneur au nom de Sa Majesté Suédoise de l'île de Saint-Barthélemy et de ses dépendances (Qu'il soit connu de tous, que par ordre de Sa Majesté, mon Royal Maître à dater du 7 septembre 1785 la taxe suivante doit dorénavant être appliquée dans cette île, à l'exception de tous les vaisseaux munis de papiers Suédois qui en sont exempts, tout vaisseau étranger paiera un droit de mouillage ainsi fixé :

-Vaisseau au-dessous de 40 tonnes : un dollar.

-Vaisseau de 40 tonnes et au-dessus : deux dollars.

Droit réduit de moitié si le vaisseau ne charge ni dé-

charge dans cette île de même pour celui qui va et vient sur le lest.

Fait, signé et revêtu de mon sceau
le 5 Février de l'an de Grâce 1786.
Salomon Mauritz de Royalin.

Ancienne Ordonnance concernant les pirogues dans la ville pendant la nuit :

Par Salomon Mauritz de Royalin, chevalier des Ordres Royal et Militaire, Commandant de Sa Majesté Suédoise dans l'île de Saint-Barthélemy et ses dépendances. Qu'il soit connu que toutes pirogues appartenant à quiconque au Carénage, qu'elles soient ou non munies de fermeture, soient amenées 8 heures du soir sur la grève devant la garde sinon la pirogue sera mise en pièces par la patrouille ; elles doivent être de nouveau enlevées à 5 heures du matin. Les canots et pirogues des vaisseaux sont toujours obligés, lorsqu'ils sont accostés dans l'après-midi, d'avoir un homme à bord ; faute de ce faire, le canot ou la pirogue sera confisqué par la Garde et le propriétaire devra payer pour cela. Dans l'île, les pirogues doivent être hâlées à sec aussi loin que possible de la grève et attachées avec de fortes chaînes et de bonnes serrures à des arbres ou de solides rochers.

Saint-Barthélemy 4 Avril 1786.
Salomon Mauritz de Royalin.

Troisième Ordonnance concernant les taxes dans l'île de Saint-Barthélemy :

Attendu que nous avons observé que, de temps à autre, nombre d'étrangers résidant dans différentes îles voisines avaient coutume de vendre des cargaisons de bois de charpente, etc. En accostant notre île pour leur propre facilité d'exportation, d'où il apparait certain que nos anciens colons et les habitants de ce territoire sont frustrés de ces privilèges et avantages qui leur reviennent en droit à eux seuls et non aux autres, et comme nous sommes tous persuadés que c'est la volonté première, le penchant et l'intention de notre Gracieux Roi et Souverain et son très particulier désir de favoriser et d'avantager tous nos habitants et anciens colons, ainsi que ceux qui voudront dans l'avenir se placer sous sa Royale et bienfaisante protection et ainsi ordonner par le présent Acte et le faire connaître à tous ceux que ceci concerne ou peut concerner, que désormais aussi bien les natifs que les étrangers ne résidant pas dans notre Colonie (mais dans d'autres Possessions) devront payer le droit légal et équitable de 2.5 % sur tous articles commerciaux sauf sur les produits des Indes Occidentales en général ainsi importés ou exportés.

Fait et signé le 10 Août 1786.
Salomon Mauritz de Royalin.

A la fin de 1785, le chiffre de la population était déjà de neuf cent cinquante-cinq habitants. La garnison comptait cinquante-deux hommes. Il faut noter, pour son éloge, que le nouveau souverain de l'île fit scrupuleusement respecter les opinions religieuses de ses habitants et s'il s'implanta par la suite dans l'île un temple luthérien et méthodiste. Ce fut surtout en raison de la présence de fonctionnaires et de commerçants suédois pratiquant ces religions. La liberté du culte fut totale, non seulement la religion protestante fut admise mais officiellement reconnue, alors que le gouvernement royal de France depuis la révocation de l'Edit de Nantes ne reconnaissait que le catholicisme et tolérait avec réticence les religions protestantes sans les admettre. Le gouvernement suédois fut beaucoup plus large d'esprit, il y allait aussi de son influence et de ses intérêts.

Une chose est indiscutable, les archives des paroisses sont plus claires. L'on pressent un contrôle, une surveillance, que les ordonnances du palais de Versailles ne parvenaient guère à établir. C'est à cette époque d'ailleurs que les chapelles de Saint-Barthélemy, car ce n'était pas beaucoup plus que des chapelles, commencent à devenir des églises. De plus, les lois suédoises ne furent appliquées dans leur intégrité que là où elles ne dérogeaient pas trop aux coutumes des Antilles. L'annonce de la prise de possession de cette nouvelle colonie fut reçue avec calme dans la nouvelle mère patrie. Il n'en fut pas de même en Finlande, à l'époque partie intégrante du royaume suédois. Des gens s'enthousiasmèrent devant la possibilité de vivre une meilleure existence sous le soleil chaud des Antilles. Gustave III, et ses ministres avaient conscience des modestes débouchés qu'offrait cette île et la tenait pour une spéculation politique et commerciale, et non pour un centre de peuplement.

L'IMPACT DE LA PÉRIODE SUÉDOISE

Les premiers suédois arrivèrent au printemps de 1785, et l'on se mit au travail pour créer une ville autour du Carénage. Des études furent faites pour établir le tracé des rues (elles le furent avec intelligence, le cadastre présent en est la preuve). Des lots de terre furent arpentés, affermés et vendus. Le gouvernement augurait bien de l'avenir. Il songea à permettre en cas de conflit aux étrangers dont le pays se trouvait en guerre, de se couvrir du pavillon suédois pour y regagner leur nation en toute quiétude, après versement d'une somme rondelette à la Couronne Suédoise.

Il commença même malgré l'échec précédent dans ce domaine à encourager la culture de la canne à sucre. Le 16 décembre 1785, le Sieur Bernier Pierre fut récompensé pour son activité dans ce domaine. Mais ses efforts, le climat ne s'y prêtant guère, ne furent pas couronnés de succès. Malgré les effets d'un cyclone, des commerçants venus des îles voisines commencèrent à s'installer. En 1787, un observateur suédois notait : *"Avec le temps cette ville (Gustavia) deviendra très importante et très attrayante. Les habitants en sont anglais, français et suédois pour la plupart, bien que l'on y trouve des gens de toutes nationalités et langues, hollandais, américain, espagnol, allemand."*

En 1787, von Rajalin est remplacé comme gouverneur par Rosenstein. L'ancien gouverneur, en peu de temps, avait accompli une œuvre considérable, mais aussi engagé des dépenses énormes. Il avait déjà tiré de l'ambassadeur de Suède à la Cour de Versailles, vingt-quatre mille piastres or. Il était obligé d'en tirer vingt mille de plus, aussi avait-il reçu l'ordre de Stockholm d'arrêter la construction de nouveaux édifices. Le 1er septembre 1788, son successeur demanda à son tour des fonds pour mettre l'île en état de défense, conséquence de l'état de guerre existant à ce moment entre la Suède et la Russie. Rosenstein craignait l'arrivée d'une flotte russe et la prise de Saint-Barthélemy et il fit part de ses craintes à son gouvernement.

Deux ordonnances[2] publiées par Rosenstein copiées également dans les archives de la mairie donnent un aperçu sur la vie de l'île en 1787.

L'ÉPOQUE RÉVOLUTIONNAIRE

En 1790, le commandant de la garnison qui était déjà plus nombreuse et secondée par une milice, Carl Frederik Bagge af Soderby (1750 - 1828), fut promu gouverneur (1790 - 1795). Il n'était donc pas sans connaître les problèmes d'ensemble de l'île. Mais déjà, les idées révolutionnaires françaises commençaient à se propager. Plusieurs "patriotes" débarquèrent à Saint-Barthélemy. Des actes de rébellion se produisirent et le gouverneur, fort inquiet, demanda que la garnison soit renforcée. Ce n'était là que le commencement des difficultés.

---

[2]Voir Appendice A pour les Ordonnances de Rosenstein.

Fin 1790, il fait savoir en Suède qu'il avait licencié la milice. Celle-ci ne pouvant être d'aucune utilité en cas de troubles graves et d'émeutes violentes, vu la propagation rapide des idées révolutionnaires. En février 1791, il écrivait au gouvernement que les évènements de France avaient des répercussions directes sur l'île. Les gens des campagnes refusaient de réparer les routes, les chemins, et il ne pouvait pas grand chose avec la faible garnison dont un grand nombre de soldats se déclarerait malade en cas de crise sérieuse. Il fait part, dès qu'il l'apprend, au gouvernement suédois qui l'ignorait encore, du soulèvement de Saint-Domingue. L'inquiétude de Dagge grandit devant cette ambiance de révolte. Il est vrai que le climat n'était pas des plus rassurants. Pour comble d'ennuis, le roi Gustave III, au cours d'un bal masqué, fut assassiné à Stockholm le 16 mars 1792 d'un coup de pistolet par un membre de cette noblesse turbulente qu'il avait contrainte à l'obéissance. Il devait décéder des suites de ses blessures le 29 mars. Son meurtrier, le capitaine Ankarstrom, fut arrêté et décapité.

Le roi songeait à intervenir directement dans les affaires de la France et à soutenir Louis XVI (le chevalier de Fersen qui était colonel au premier régiment suédois, et dont on connaît la sympathie respectueuse pour la reine de France, ne dut pas être totalement étranger à ce projet). Cette fin brutale fut aussi celle de ce projet. Son fils, Gustav Adolph IV lui succéda. Il régna de 1792 jusqu'à son abdication en 1809. Son oncle, le roi Charles XIII, lui succéda (1809 - 1818).

L'année suivante, 1793, sans trop de raisons apparentes, les Anglais commencent dans les Antilles à capturer les navires suédois et leurs cargaisons. La Compagnie Suédoise des Isles du Vent fit alors acheter en Suède trois cent mille livres de poudre à canon et à fusil. Mais le navire *Neptune* ramenant cette marchandise fut pris par les Anglais. Cette situation d'état de guerre sans guerre commençait à susciter de sérieuses alarmes.

Dans l'espoir d'obtenir un appui, le gouverneur Bagge se rapproche de Victor Hughes, délégué de la Convention qui venait de reprendre la Guadeloupe aux Anglais. Il délègue Norderling, président de la cour de justice, auprès du Conventionnel qui de son côté envoie à Saint-Barthélemy un nommé Bigard, dont le rôle semble avoir été celui d'un commissionnaire général consistant à acheter et à vendre pour la Guadeloupe. Cette promiscuité amicale avec le chef des "Sans-culottes" n'allait pas sans de sévères critiques vis à vis de monsieur Bagge. Les deux représentants entretenaient une correspondance privée. Beaucoup estimaient cette collusion déplacée avec ce régicide. Quant au Comité de Salut Public, il approuva Hughes pour toutes ses activités et le félicita de l'énergie déployée pour la défense de la République aux Antilles.

Comme tout bon commissaire républicain de l'époque, il traînait la guillotine derrière lui, et pas seulement comme objet de curiosité. Le gouverneur de Saint-Barthélemy dut faire face à une désapprobation totale dans la colonie qu'il administrait. Le gouvernement suédois estima alors son rappel nécessaire. Il est remplacé en 1795 par Georg Henrik Johan af Trolle. Dès l'heure, Hughes devint nettement hostile à Saint-Barthélemy qu'il qualifie de *"Repaire des rebelles et des émigrés."* Parlant de monsieur Bagge, il écrit : *"Un philosophe et un brave homme, sacrifié à la rancune des émigrés, des Anglais et des Prussiens."*

Hughes arriva en Guadeloupe en 1794. *La Terreur* passée, on demanda à Hughes, lors de son retour, quelques détails sur son administration guadeloupéenne. Il se contenta de répondre : "*Vous m'avez envoyé dans une région aux mains des Anglais et des émigrés, je vous apporte une île ou flotte le drapeau républicain, un pays fort, libre et respecté."* Le Directoire préfère ne pas entrer dans les détails. Après la prise du Fort de l'épée au Gosier, il avait répliqué ouvertement au plénipotentiaire anglais venu au nom de son amiral : "*Vas dire à ton Jodam de maître que je le chasserai de la mer des Antilles comme je l'ai chassé des eaux de la Guadeloupe et que quand je serai à Basse-Terre, j'y ferai guillotiner sur la place publique tous les ci-devant, traîtres à la République qui ont demandé son appui."* Dès qu'ils connurent cette méchante promesse, plusieurs préférèrent ne pas attendre son arrivée pour quitter le pays.

Nous ajouterons ceci pour bien cerner ce qu'était Hughes. Un corsaire étant venu le trouver au fort Saint-Charles à Basse-Terre pour lui annoncer la capture d'un navire anglais lui déclara : *"Ta prise ne t'appartient pas, elle est la propriété de la République et en son nom, j'en prends possession."* Le marin : *"Citoyen Commissaire, tu pourrais me parler sur ce ton, si je n'avais pas mon sabre d'abordage,* (le corsaire l'avait déjà empoigné), *et je ne donnerai à la République que ce que je voudrai bien lui donner."* N'ayant pas l'habitude de ces répliques insolentes, Hughes, peu intimidé, avait lui aussi dégainé son épée. L'entrevue allait tourner au drame, quand les lieutenants des deux hommes s'empressèrent de les séparer. Vu les circonstances de sa nomination, le nouveau gouverneur G. H. J. Trolle était de beaucoup moins accommodant. Il lui était assez difficile de l'être. Victor Hughes ne tarde pas à s'en irriter et, après de légers efforts d'entente, il cesse bientôt avec le rappel de Bigaro toute transaction commerciale avec Saint-Barthélemy.

En dehors de tous ces ennuis, l'ancien gouverneur avait dû transmettre à Stockholm en 1792 la mauvaise nouvelle d'un cyclone dévastateur. Saint-Martin, dans cette période trouble, connaissait de bien plus grosses difficultés. L'île voisine était prise dans la tourmente révolutionnaire. Des bandes armées ravagèrent le pays au nom de la République. Cédant au flot envahisseur, le gouverneur et les notables, y compris le curé de Marigot, s'enfuirent à Anguilles, île toute proche et possession anglaise. L'Angleterre étant alors en guerre avec la France, on voyait pire. Il faut admettre que les fugitifs qui sentaient déjà le froid du couteau de la guillotine sur leur cou, durent parer au plus pressé, sans trop choisir le lieu de leur refuge. Sans grandement les approuver, on peut les comprendre.

Le gouverneur G. H. J. Trolle dans cette période agitée, ne cesse dans ses rapports en Suède de se plaindre de la rapacité des corsaires anglais, français et s'inquiète que cette situation puisse d'un moment à l'autre faire cesser tout commerce entre l'île et l'Amérique espagnole et les Etats-Unis. Malgré tout, avec la fin des guerres révolutionnaires, la situation commence à s'améliorer. En dépit de tous ces avatars, pour 1799, les exportations atteignent la valeur de 1 657 999 piastres, les importations 335 652 piastres. En conséquence en 1800, le gouverneur pouvait considérer le commerce comme facteur principal d'activité de l'île. Gustavia devient une vraie petite ville, remplaçant un village de cases. Les premiers gouverneurs y feront établir des rues de *20 pieds* de large (6,50 mètres). Ils tracent autour de la baie un réseau de rues pavées. Cent soixante-dix ans plus tard, elles existent encore, une partie a été bétonnée, les pavés ayant servis de soubassement. C'était trop beau pour durer. Les moutons trop gras attirent toujours les loups.

LE RETOUR DES ANGLAIS

En 1801, la Suède, dans l'espoir de se trouver en dehors des conflits qui ensanglantaient l'Europe, adhère à la convention de neutralité armée avec la Russie, la Prusse et le Danemark appelée Convention Maritime de St. Petersburg. Espoir vain. Sans déclaration de guerre, le 20 mars 1801, une importante flotte de guerre anglaise, paraît devant Saint-Barthélemy et son commandant somme le gouverneur Hans Henrik Anckerheim (il avait succédé à G. H. J. Trolle) de lui livrer l'île. Le général anglais Puller, donne un délai d'une heure pour cette reddition totale. Le gouverneur fait sonner le tocsin, appelle la population aux armes pour seconder la garnison dans la défense du pays. Vingt personnes de la ville et quinze de la campagne se présentèrent. Devant cette carence (personne ne devait être enthousiasmé de se battre avec des moyens dérisoires contre toute une escadre anglaise), le gouverneur, en hâte, convoque un conseil de guerre composé d'officiers et de notables de l'île. Le conseil décida que l'île était hors

La sous-préfecture

PHOTO BY MARIUS STAKELBOROUGH

d'état de se défendre. La capitulation immédiate s'imposait pour éviter le pire. Comme à Saint-Eustache, en ravageant l'île de façon atroce, les Anglais avaient montré de quelles méchantes actions ils étaient capables vis à vis des récalcitrants. On comprend assez les inquiétudes et la décision du conseil.

Le lendemain, Saint-Barthélemy était remise au contre-amiral Dacworth, commandant l'escadre anglaise et au lieutenant général Frigge. Tous les Suédois de la colonie durent prêter serment de fidélité au roi d'Angleterre. Cette exigence sans pudeur démontrait de façon assez claire que les Anglais étaient bien décidés à conserver Saint-Barthélemy et si la chose était faisable, à accaparer la totalité des petites Antilles sans trop se soucier des traités, accords, ou neutralité.

Le colonel Wilson, fut nommé gouverneur provisoire. Son premier soin fut de saisir tous les bateaux suédois, de les placer sous pavillon britannique, de confisquer tous les magasins de la Compagnie Suédoise ainsi que la totalité des Petites Antilles de leurs marchandises, de les déclarer "propriété publique". Puis, il commença la construction d'un fort dominant la ville et dont les pierres de base existent encore appelé *Fort anglais.*

La confiance ne régnant guère, le nouveau régime commençait bien. Dans les affaires administratives, le désordre s'établit en même temps que la confusion. Inutile de dire que rien ne fut fait en faveur de la population dont le colonel Wilson semblait se soucier comme de son premier biberon. Bientôt un nouveau gouverneur arriva, Sir Cranston. Ce ne fut pas mieux. Le roi Gustave Adolphe, avait protesté par voie diplomatique contre cette mainmise brutale que rien ne justifiait. La cour de Londres fit la sourde oreille.

UNE PAIX TEMPORAIRE

Le 7 juin 1801, désirant la tranquillité et pensant l'obtenir de cette façon, la Suède signe la Convention de Saint-Petersburg. Saint-Barthélemy fait alors retour à la Suède. Toutefois, les Anglais ne s'empressent pas de la quitter. Ce n'est que le 10 juillet 1802, qu'ils s'en retirent pour n'y plus revenir. Le traité d'Amiens, signé entre la France et l'Angleterre, ne justifiait plus une occupation permanente. Cette paix, après tant d'années de guerre, fit pousser un soupir de soulagement à l'Europe entière et y fit naître de grands espoirs, aura à peine un an quand l'année suivante la guerre recommençait.

Après l'évacuation de Saint-Barthélemy par les Anglais, G. H. J. Trolle, dans une mission au gouvernement suédois, se montre particulièrement sévère à leur égard, faisant ressortir que ceux-ci s'étaient conduits comme de vrais pirates et avaient violé les conditions de la capitulation. Et cette fois l'Angleterre dut payer à l'île une indemnité de neuf mille livres en or pour les excès de ses gens. Dès le début de l'année suivant l'évacuation de Saint-Barthélemy, le roi de Suède approuve la création d'une caisse destinée au nettoyage du port, à la réparation des quais, des citernes, et à différente réfections urgentes. Pourtant la tutelle britannique n'avait duré que quinze mois...

Aux malheurs de l'invasion s'ajouta après le départ des Anglais, la révolte des esclaves. De plus, les habitants se lancèrent dans une contrebande effrénée et douteuse. Une grosse quantité de fausse monnaie fut mise en circulation, à la stupéfaction et consternation des autorités locales et des changeurs.

En 1805 - 1806, nouveaux ennuis, le roi Gustave croit devoir entrer dans la coalition formée contre la France. Le gouverneur de la Guadeloupe, Ernouf, notifie alors à celui de Saint-Barthélemy, Anckareim, qui avait repris ses fonctions, l'état de guerre existant entre la Suède et la France. Le gouverneur suédois n'ignorait pas que les habitants de la Guadeloupe et de la Martinique n'éprouvaient aucune animosité particulière envers son pays et ses possessions. Il espérait, malgré ce nouvel orage, passer ce cap dangereux et continuer un commerce fructueux avec les îles françaises. Ce calcul était raisonnable, cette position possible. En dehors des raids de corsaires en mer, les forces maritimes françaises n'attaquèrent pas Saint-Barthélemy. Il est vrai qu'il aurait fallu la conserver, et les Anglais n'auraient guère admis cette occupation.

Cependant Jérome Bonaparte, frère de Napoléon Ier, qui, bien que n'ayant jamais été marin était chef de l'escadre française aux Antilles (il en avait la dignité, mais les décisions à prendre l'étaient par son état-major, qu'il se contentait d'approuver), n'appréciait pas trop les subtilités commerciales et les finesses diplomatiques du suédois qui lui paraissaient peu logiques. Mais il ne fit pas d'éclat. D'ailleurs, le gouvernement de Saint-Barthélemy n'ignorait pas que le prince Jérome ne tarderait pas à regagner l'Europe où l'attendait un trône royal. Il se montrait patient et d'une prudence extrême et sans provocations maladroites. Il pensait le moment venu reprendre un trafic commercial profitable. Les évènements troublèrent ces visées. La déclaration de guerre était rapidement devenue publique et les corsaires français qui se trouvaient presque en chômage capturèrent plusieurs centaines de bateaux de l'île (beaucoup ne devaient être que de grosses barques).

Le gouverneur Anckerheim, scandalisé, pour ne pas dire plus, constata que la tâche des razzieurs était grandement facilitée par la complicité d'une partie des habitants qui les encourageait, les renseignait et même leur donnait refuge. Pour compléter le tout, les corsaires anglais, à leur tour, entrèrent en action. Leurs vaisseaux de guerre également et ils capturèrent tous les navires suédois sortant des ports français, où l'on fermait peut-être un peu les yeux, ces bateaux n'ayant absolument rien à y faire, la Suède et la France étant en guerre. Le malheureux gouverneur adjura son gouvernement d'obtenir à tout prix un traité de neutralité pour Saint-Barthélemy, par l'Angleterre et la France. La chose était plus facile à solliciter qu'à obtenir. L'Europe était en feu. Bloquée dans son île, l'Angleterre ne survivait que par les pirateries de ses corsaires. La France, dont le commerce maritime était en ruine, tirait son sucre de la betterave.

A chaque déclaration de guerre avec la Suède, les entrepôts de Göteborg étaient saisis pour être restitués à chaque traité de paix. D'ailleurs l'on avait d'autres chevaux à brosser et d'une autre néces-

La vieille maison suédoise

PHOTO BY MARIUS STAKELBOROUGH

sité que ceux destinés au transport des fourrures de Sibérie et des tapis d'astrakan. L'Empire austro-hongrois ne savait s'il devait faire la guerre ou la paix et faisait les deux à contre sens. L'Espagne, déchirée, était en guerre civile. La Prusse, en partie démembrée, s'efforçait de raccommoder une vaisselle que Napoléon Ier avait mise en pièces. L'Empereur songeait à chasser le pape Pie VII de Rome. Devant la menace d'une invasion française, le tsar de Russie mobilisait ses Cosaques et ses Mongols. Dès le début de la tourmente, la République de Venise avait sombré dans la tempête. Elle existait depuis mille ans. Dans cet effondrement d'un monde, les puissances occidentales se souciaient de Saint-Barthélemy comme d'une vieille assiette ébréchée. Dans la lettre où il souhaitait, pour éviter la ruine, la neutralité de l'île, le gouverneur demandait en terminant l'envoi d'urgence : *"De la poudre, des canons, des soldats, pour sauver le prestige de cette possession suédoise."*

L'ÎLE DANS LA TEMPÊTE

Malgré toutes ces complications, et en vertu aussi de la tornade qui balayait le monde, Saint-Barthélemy par comparaison avec d'autres régions était un semi havre de sécurité. Aussi l'île connue à cette époque son apogée économique, et son chiffre de population le plus élevé. D'après le plan cadastral de 1806 pour la ville, il y avait à Gustavia, trois cent cinquante maisons, cent quarante dans le quartier de la Pointe, cent trente sur la rue du Carénage et soixante au fond de la baie. La Compagnie Suédoise Des Isles Du Vent possédait trois magasins. Cinq navires étaient affectés uniquement aux transports de l'épicerie. Il y avait dix-sept épiceries, huit hôtels avec salles de billard, vingt-deux débits de boissons, cinq boulangeries, quatre boucheries, trois bijouteries, sept charpentiers de marine et leurs aides, neuf charpentiers en bâtiment, une quarantaine de marchands divers, horlogers, merciers, agents d'assurances, huit maçons, cinq écoles, etc. Ce qui faisait près de cent cinquante établissements ; ateliers, bureaux, boutiques. La population qui ne cessait de croître, en raison de l'afflux d'étrangers à la recherche d'un abri, fût-il provisoire, est d'environ cinq mille habitants pour la ville et de mille cinq cents pour la campagne. Il existait trente-deux citernes publiques dans l'île, et le mouvement du port pour les trois dernières années avait été de plusieurs milliers de navires de divers tonnages. Les exportations et importations s'élevaient à un montant de trois millions de piastres.

Néanmoins dans son rapport, le gouverneur fait allusion et insiste même sur la pauvreté de l'île, en dehors de son activité commerciale. Un sol rocailleux et pauvre qui ne peut convenir à l'agriculture, une sécheresse y règne cinq à six mois de l'année, (elle ne date pas que de nos jours), seul le coton y prospère un peu. L'île ne peut vivre que de commerce. Si la neutralité de l'île pouvait être obtenue, les étrangers y afflueraient en raison de la guerre navale. Cet accord tant souhaité se faisant attendre, une frégate anglaise, en 1807, ramassa à l'entrée du port de Gustavia tous les navires de commerce entre Saint-Eustache et Saint-Martin qui ne battaient pas le pavillon de ses alliés. Les neutres (il y en avait peu) n'étant pas forcément à l'abri.

Le 12 novembre de la même année, les Français, excédés, attaquèrent Saint-Barthélemy, cette fois dans le but de s'en emparer et d'en finir une fois pour toutes. Ces chamailleries franco-suédoises, duraient depuis quinze ans. Les Anglais, avertis, protégèrent l'île. L'amiral Cochrane, de la marine royale anglaise, y ayant envoyé des renforts maritimes, les Français ne pouvaient courir le risque d'engager un combat naval qui se serait très vraisemblablement terminé en désastre. La flotte française n'existait pratiquement plus, elle y aurait perdu ses derniers vaisseaux, épaves de quinze années d'anarchie maritime, accompagnée de défaites sur mer.

Cet ensemble d'évènements agités nuisait, bien que cela ne fut pas encore très visible, à la progression économique du pays, qui tend par la suite à un très net ralentissement. Malgré les apparences brillantes de 1806, un malaise se fait jour.

LE BARON BERND ROBERT GUSTAF STACKELBERG

Après 1807, un calme relatif renaît. Quatre ans plus tard, en 1811, le Gouverneur Anckerheim est remplacé dans ses fonctions par le baron Bernd Robert Gustaf Stackelberg. Celui-ci ne prit son administration en charge qu'en 1812.

Pendant une quinzaine d'années, Anckerheim, sauf la brève interruption de 1801 - 1802, due à l'occupation anglaise, s'était efforcé d'assurer au mieux, dans des circonstances difficiles, l'administration du pays. Il y était parvenu. Abandonné parfois à ses propres initiatives, au milieu des tornades, il avait su avec adresse tenir la barre d'un navire cahotant et qui semblait parfois sur le point de sombrer. Il était difficile de faire plus. Sous son administration, Saint-Barthélemy connut un essor considérable. En des temps plus calmes et sous sa direction, l'île eut pu connaître une progression plus accentuée, du moins par le chiffre de sa population dont une partie provenait de gens cherchant un abri provisoire, même si cet asile était parfois des plus précaire. Le déclin de Saint-Barthélemy qui suivit eut été sans nul doute moins rapide et plus prévisible.

Quand le baron Bernd Robert Gustaf Stackelberg prit ses fonctions, la population était de 5 482 habitants dont 3 881 pour Gustavia et 1 601 pour les campagnes. Malgré donc une accalmie de cinq ans, des possibilités commerciales sans trop de dangers, la population de Gustavia, car c'est d'elle surtout dont il s'agit dans cette statistique, avait diminué de façon assez importante par rapport à ce qu'elle était en 1806. Nous n'avons pas à cette date le nombre des établissements commerciaux et autres mais ils devaient certainement être d'un nombre plus restreint. Le baron Bernd Robert Gustaf Stackelberg fût le premier gouverneur suédois à présenter à son gouvernement un rapport objectif et détaillé sur la situation économique de Saint-Barthélemy.

Les ventes de coton, en raison de la baisse de prix de cette denrée, n'étaient plus rentables. Le gouvernement conseille alors de l'abandon-

Fort Gustav, 1878

SAINT-BARTH SOCIETY OF SWEDEN

ner. Elle le fut au profit des cultures vivrières car la misère s'aggravait dans les campagnes. Les commerçants et la population de Gustavia étaient plus aisés mais pas pour longtemps. Le baron Bernd Robert Gustaf Stackelberg ne tarde pas à se plaindre de l'audace croissante des Corsaires, *"Vrais pirates qui sous des pavillons innombrables qu'ils déshonorent masquent leurs crimes."* Il s'étonne, lui aussi, qu'ayant demandé des canons, des fusils, de la poudre et des soldats, on ne lui adresse que des copies de traité ou d'accord qui n'intimident pas ces écumeurs, leur pays n'étant jamais celui qu'ils prétendent servir. Les protestations du gouverneur étaient fondées. L'année de sa prise de pouvoir, la piraterie anglaise recommence. La paix ayant été signée cette même année, Stackelberg intervient aussitôt auprès des gouverneurs des îles anglaises dans le but de mettre fin à cette piraterie préjudiciable à la Couronne d'Angleterre dont ces croisières rapaces ne peuvent qu'entacher le blason. Cette littérature indignée n'empêche pas les corsaires anglais de continuer pendant toute l'année 1813. En mars de cette même année, le baron qui considérait la Guadeloupe comme la perle des Antilles obtint qu'elle fût cédée à la Suède, les Anglais l'ayant conquise. La Suède venait une fois de plus d'entrer dans l'Alliance anglaise. L'empire français vacillait fortement et son empereur avec lui. Mais quand il fut question en 1814 d'accorder franchise de douane à la Guadeloupe par le gouvernement suédois, le baron commença à s'inquiéter sérieusement de son initiative. Tout le commerce passant par Saint-Barthélemy risquait d'être drainé par la grande île voisine plus peuplée, plus riche et les Saint-Barths réduits à leurs seules ressources, celles tirées d'un sol ingrat. Le gouverneur fit part de ses inquiétudes à Stockholm. Mais bientôt, par le traité de Paris, la Guadeloupe retournait à la France.

La Suède n'avait donc plus à trancher cette épineuse question économique. Toutefois, dans ce traité, Saint-Eustache dont le port était franc, retournait à la Hollande, ce qui n'apaisait pas totalement les inquiétudes du gouverneur.

L'année 1815 fut assez prospère. Un regain de confiance se fit jour et l'aventure napoléonienne des Cent-jours n'y provoqua aucune turbulence. Elle agita surtout la France et l'Europe. Cette équipée sans lendemain ne causa que de l'amertume et de l'irritation. Une garnison d'une soixantaine d'hommes était venue renforcer les effectifs afin d'y assurer une sécurité que l'on souhaitait totale.

En 1816, le colonel Johan Samuel Rosensvard succéda au baron Stackelberg. Pendant quatre ans, ce dernier s'était révélé un administrateur fort capable, mais au caractère emporté et très à cheval sur l'étiquette. Un matin, le président de la cour, Mr. Bergins, s'étant présenté devant lui en pantoufles, fut vertement rabroué en raison de

Quartier du port à Gustavia

SAINT-BARTH SOCIETY OF SWEDEN

la négligence de sa tenue et s'entendit dire qu'à l'avenir il entendait (le gouverneur) le voir se présenter avec plus de correction. Il faut reconnaître que le président en cette circonstance, avait fait preuve d'un laisser-aller vestimentaire assez discutable.

Les jours fastes de Saint-Barthélemy s'estompaient. Le rapport de 1817 est explicite à ce sujet. Le nouveau gouverneur y parle de l'état déplorable des batteries, des forts et du commerce qui commence à péricliter de façon inquiétante. Il fait allusion à la prospérité de Saint-Eustache assez rapidement relevée de ses ruines, et à celle naissante de Saint-Thomas (îles vierges sous domination danoise). Il sollicite des canons facilement transportables pour empêcher *ces satanés corsaires* de venir mouiller jusque dans le port de Gustavia, où ils ont l'audace de jeter l'ancre pour vendre aux commerçants le fruit de leurs rapines et pis, de s'y ravitailler afin de poursuivre leurs méfaits.

Tous les négociants de l'île ne devaient pas partager l'indignation du gouverneur. Un an plus tard, le roi de Suède Charles XIII s'éteignit. Son successeur Charles Bernadotte, ancien maréchal de France sous Napoléon Ier que, en accord avec la Diète suédoise, le roi défunt avait adopté comme héritier, monta sur le trône. Tous les fonctionnaires et la population proférèrent serment de fidélité au nouveau souverain Charles XIV. Cet événement fut inséré à l'époque dans la gazette de Gustavia. Ce monarque, qui décéda en 1844 à l'âge de quatre-vingt-un ans (il était né en 1763), eût, à la grande satisfaction de tous ses sujets qui comme lui-même et beaucoup d'autres étaient las de ces guerres éternelles, un règne des plus pacifiques. Il sut maintenir la Suède, pays qu'il avait fait sien, en dehors des agitations du continent européen, en particulier en 1830. Même Nicolas Ier, empereur de Russie, le "Tsar de fer", qui se posait avec plus ou moins d'éclat comme le gendarme de l'Europe, ne fut jamais chatouillé par le désir malsain de le mécontenter. Il se souvenait peut-être que l'ayant connu jeune homme, n'étant que prince cadet (l'héritier du trône de Russie

Bernadotte

LOOK AND LEARN

étant son frère le Grand-duc Constantin), l'ancien maréchal de France n'appréciait pas que on lui cherche querelles.

Bernadotte fut victorieux de Napoléon en 1813, lors de la victoire la Sixième Coalition alliée (Russie, Prusse, Autriche et Suède) contre la France à la bataille de Leipzig. Il avait été auparavant l'un des meilleurs capitaines de guerre de l'empereur, peut-être son stratège le plus capable.

C'est en 1810, en accord avec le parlement suédois, que le roi Charles XIII, sans héritier, adopta son successeur le maréchal, qui avait su se faire aimer de toute la population lors d'un séjour prolongé dans ce pays. Sans doute aussi pour la tranquillité de son pays, le souverain souhaitait-il un héritier ami du grand empereur, à l'époque maître de l'Europe. Le choix devait se révéler excellent. Trois ans plus tard le futur roi de Suède, à la stupeur de Napoléon, démontra qu'il était aussi fin diplomate que grand capitaine. Quand il entra à Paris avec les armées alliées en 1814, Bernadotte le fit avec une discrétion de bon goût. Une entrée bruyante à la tête de l'armée suédoise qu'il commandait l'aurait profondément choqué. Il rendit visite, sans tapage, à ses anciens compagnons d'armes, les maréchaux de France, leur dit le plaisir qu'il avait de les revoir, tout en déplorant les circonstances. Bernadotte qui devait quand même être un peu gêné, fit preuve d'adresse dans cette situation délicate. Il avait du savoir-vivre. Il rendit également visite à Louis XVIII.

Peu de temps après cet évènement, le gouverneur de Saint-Barthélemy, Rosensvard, de santé chancelante, se rendait à Nièves dans l'espoir que les eaux de la station thermale pourraient le rétablir. Il devait y décéder.

SAINT BARTHÉLEMY SOUS JOHAN NORDERLING

Le 20 avril 1819, à la satisfaction de tous, Johan Norderling (1760 - 1828) fut nommé gouverneur de l'île (1819 - 1826). Il avait été président de la cour de justice en 1788. Il rappela, en même temps que le gouverneur Bagge en 1795, son anti-républicanisme vis à vis de Victor Hughes. Monsieur Norderling n'était donc pas un inconnu. Le 20 septembre suivant, un cyclone d'une violence inouïe s'abattit sur l'île. Cinquante-six navires de divers tonnages furent perdus et de nombreux autres mis en morceaux. De son côté, l'île de Saint-Eustache avait été entièrement dévastée par cet ouragan et ressemblait à un amas de ruines. Charles XIV préleva sur sa caisse personnelle en dehors d'autres secours d'état, huit mille gourdes pour aider en partie les sinistrés de Saint-Barthélemy.

A cette époque un recensement est effectué. Il donne 4 687 habitants, 2 910 pour Gustavia et 1 777 pour la campagne. Si la population demeurait stable dans les campagnes, même en légère augmentation, celle du chef-lieu avait encore considérablement diminuée et la population globale était inférieure de près d'un millier à celle de 1812.

Il ne faut pas trop s'en étonner. Saint-Thomas, également port franc, jouissait d'une grande tranquillité depuis 1813. Mieux placée sur la route maritime des grands voiliers, légèrement plus proche des Etats-Unis, l'île commençait à drainer le commerce de Saint-Barthélemy vers son port et aussi celui des autres îles antillaises. Les commerçants étrangers qui avaient afflué une quinzaine d'années auparavant ne s'y installèrent guère. Guidés par des motifs commerciaux, ils perçoivent la fragilité de l'économie de la possession suédoise. Plus grave, des négociants déjà installés se retirent, les statistiques le prouvent.

Après le cyclone de 1819, comme une calamité en entraîne souvent une autre, les pluies de fin septembre qui suivirent la tornade apportèrent la fièvre maligne (la fièvre jaune selon toute vraisemblance) qui causa de nombreux décès. Le gouverneur perdit trois enfants. Puis ce fut ensuite une sécheresse effroyable. La population des campagnes en particulier en souffrit beaucoup.

L'année suivante il fut estimé nécessaire de créer deux milices groupant deux cent cinquante hommes, en dehors de la garnison des forts. A défaut de l'Europe, calmée et épuisée, l'Amérique du Sud et l'Amérique Centrale entraient en pleine ébullition. Toutes les colonies espagnoles les unes après les autres et dans un délai très court se révoltèrent contre la domination espagnole, Mexique, Venezuela, Colombie, Pérou, Chili. L'Espagne regarda avec stupeur cette levée générale de boucliers contre son autorité et dont les têtes étaient des colons espagnols de haute souche, installés dans le Nouveau Monde depuis plusieurs générations : Iturbine au Mexique ; Bolivar au Venezuela, Colombie, Equateur et Bolivie ; José de San Martín au Chili et au Pérou. Epuisée, plus qu'aux trois quarts ruinée, l'Espagne regardait avec des réactions diverses, parfois violentes, s'écrouler son empire américain.

Au milieu de ce déchaînement, les corsaires sillonnant ces régions flairèrent la bonne affaire et affluèrent dans la mer des Antilles, le golfe du Mexique, sous des pavillons de toutes sortes. Il faut admettre que pour ces razzieurs, la tentation était vraiment forte et l'occasion trop belle, unique. Le gouverneur Norderling, inquiet devant ces visiteurs assez spéciaux et qu'il connaissait bien trop, s'efforça au début d'interdire aux corsaires l'accès du port de Gustavia. Il redoutait, non sans raison, des complications de tous genres, mêmes diplomatiques. Mais les corsaires, comme les pirates, passèrent outre et sous une multitude de pavillons neutres et divers escalèrent dans l'île, qui d'ailleurs y trouvait son profit. Un commerce des plus douteux, soit, mais un regain commercial reprit dans l'île. Pour éviter des incidents graves, surtout avec des gens de cette sorte, le gouverneur crut sage de fermer un peu les yeux ou tout au moins de ne pas les ouvrir trop grands.

Parmi tous ces corsaires et semi-pirates qui manœuvraient beaucoup mieux les pistolets et les sabres d'abordage que le peigne fin, la courtoisie et les bonnes manières, il en existait néanmoins qui ne manquaient ni de panache ni d'audace, tel ce Laffitte, qui se préparait avec plusieurs navires corsaires (une véritable escadre) et des équipages de truands, triés sur le volet, à libérer Napoléon Ier de Saint-Hélène. Pour mettre un terme à cette captivité, qu'il devait considérer comme un déplorable malentendu politique, il ne dût choisir que de très gentils garçons, de bons petits écoliers, des clercs, des innocents doux comme des agneaux. Lafitte était un tendre. Son principal lieutenant, qui commandait l'un de ses vaisseaux, ayant pillé et coulé malgré et contre ses ordres un navire commercial américain et envoyé par le fond équipage et passagers, il le fit pendre séance tenante à l'un dcs mâts dc son navirc.

Cet homme aimait la discipline. Cet épisode se situe lors de la guerre anglo-américaine en 1813. Lafitte avait mis sa flotte de corsaires, semi-pirates, à la disposition du gouverneur de la province de la Nouvelle Orléans, à laquelle d'ailleurs elle contribua à empêcher la prise de la ville par la flotte anglaise. Mais les marins de Lafitte n'étaient pas des marins très officiels, ils ignoraient les bons usages. Peu habitués à la correction des conflits maritimes, entre gens bien nés, où l'officier vainqueur vous disait : "*Monsieur, veuillez abaisser votre pavillon et me remettre votre épée.*" Les gens de Lafitte, et tous ceux de leur genre, ignoraient tout de ces élégantes façons de faire la guerre maritime. Pas forcément le poignard entre les dents comme le dit la légende mais ils n'en étaient pas très loin.

Le gouverneur de la Nouvelle Orléans n'avait, lui, qu'un insurmontable dégoût vis à vis de ce qu'il considérait comme un ramassis de scélérats que les circonstances lui imposaient comme alliés et s'en cachait à peine. Lafitte, connaissant ce sentiment, s'efforçait de l'atténuer en tenant ses hommes, s'efforçant de se montrer un allié correct. L'âpreté stupide de son premier lieutenant compliquait encore les choses, d'où son irritation. La flotte de semi-pirates allait lever l'ancre en direction de Saint-Hélène, quand il apprit la mort de l'Empereur. Il avait toutes chances de réussir, son entreprise étant menée de main de maître (tous les documents de l'époque, plus ou moins connus en font foi). Pour se dédommager, il songea à s'y rendre quand même, afin d'y prendre Hudson Lowe, gouverneur anglais de l'île. Il y renonça sagement.

C'est au cours de cette année 1820 que commença la construction de l'ancienne église de Gustavia qui depuis 1890 sert d'école. Cette église remplaçant l'ancienne, tombant en ruines dont l'emplacement devait être dans les parages de la nouvelle, le fût avec uniquement les deniers des fidèles et l'aide du gouverneur Norderling. Le gouvernement anglais de son côté, comprenait tous les avantages commerciaux qu'il pouvait retirer de la révolte des colonies espagnoles. Et s'il avait pensé sage dans cette agitation de se déclarer d'une théorique neutra-

L'Eglise de Gustavia aujourd'hui

PHOTO BY MARIUS STAKELBOROUGH

lité de bon aloi, ainsi que les autres nations occidentales, il n'en avait pas moins les yeux brillants, brûlants, sur ces immenses nouveaux marchés économiques dont l'Angleterre avaient été écartées avec soin. Les états européens, qui secrètement avaient les mêmes pensées, avaient grande peine à la vue des désastres espagnols, d'étouffer la joie frémissante qui les envahissait.

Pendant quarante ans la monarchie anglaise avait plutôt fait grise mine aux Etats-Unis, avec qui elle était entrée en guerre en 1813. Elle avait très mal avalé cet avatar sécessionniste. Mais peu à peu, la digestion s'était faite. Le gouvernement anglais avait autorisé l'entrée de ses ports au pavillon étoilé et l'accès de toutes ses colonies au commerce américain. Cette décision profitable aux intérêts britanniques, précipitée par les révoltes sud-américaines, porta un coup quasi-mortel à l'économie de Saint-Barthélemy. En conséquence, et dans un laps de temps très court, cette période fut catastrophique pour l'île. Pour comble, en septembre 1821, nouveau cyclone. Le temple luthérien et un grand nombre de maisons furent détruits par l'ouragan. Onze bateaux américains furent perdus et d'autres sous pavillon suédois et anglais firent naufrage.

Après ce nouveau désastre, le début de l'année amena une sécheresse effroyable. La presque totalité des récoltes dans les campagnes furent détruites. Aussi il ne faut pas s'étonner que dès 1823, la chute de l'économie de l'île prenne une allure accélérée. Elle ne s'en relèvera que par intermittences. Malgré cette détresse naissante, et voulant affirmer en même temps que sa confiance, sa foi, le Père Emmanuel Vich commence la construction de l'Eglise catholique de Gustavia qui sera achevée en 1828 par l'abbé Collet. Le gouverneur Norderling, bien que de religion luthérienne, se montra toujours très compréhensif à l'égard des catholiques romains, qui formaient d'ailleurs la majorité de la population, et il est évident, que sans son appui, les églises de Lorient et de Gustavia se seraient heurtées à de terribles difficultés.

En 1824, la petite colonie est dans l'impossibilité d'équilibrer son budget. Mais c'est l'année suivante que la crise atteint son maximum d'intensité. Les commerçants émigrent sur Puerto Rico, toujours possession espagnole, l'Espagne étant parvenue à sauver quelques débris du naufrage où s'était englouti son empire américain. Les revenus de Saint-Barthélemy baissent toujours. Les fonctionnaires, bien que diminués, ne touchent leur traitement qu'avec retard et irrégulièrement.

Le bilan de 1825 se résume ainsi :

Dépenses : .... 8 995 piastres
Recettes : .... 1 715 piastres

Déficit : .... 7 280 piastres

Devant un tel bilan, la Suède commence à manifester une véritable inquiétude. La population n'est plus que de 4 016 habitants.

En 1826, le gouverneur Norderling est remplacé par James Haarlef Haasum. Il se retire alors dans une propriété de Saint-Jean, dans cette île qu'il aimait. Son administration avait été bonne, la meilleure peut-être avec celle du gouverneur Anckerheim, et ce en dépit des difficultés commerciales qui n'étaient pas son fait, et celles extérieures qui l'étaient encore moins. Il freina les dépenses au maximum. Large d'idées, il favorisa les mariages civils entre catholiques. Les époux avaient pleine liberté pour faire bénir leur union lors du passage d'un prêtre catholique au cas où il ne s'en trouverait pas dans l'île. Mais il s'efforça d'en obtenir de façon résidentielle qui serait en même temps maître d'école. Certains méthodistes, plus intransigeants, ne manquèrent pas de critiquer et de l'accuser auprès de la Diète suédoise, pour ses faveurs envers les papistes. Il se justifia pleinement et fut approuvé. Il avait su attirer l'attention de la Couronne sur le déclin commercial de l'île dont les commerçants, écrit-il dans un rapport, sont *"Des chiens sur une poignée de paille"*. De nos jours la situation est nettement différente.

La tombe de M. Norderling à Lorient

PHOTO BY MARIUS STACKELBOROUGH

C'était, en dépit de ses deuils, un homme d'humeur agréable, plein d'entrain, de gaieté, et qui avait gagné l'estime de la population quel que soit son milieu. Il mourut des suites d'un accident de cheval le 30 mai 1828. Le canon venait de tonner, annonçant qu'un grave incendie venait de se déclarer à Gustavia. L'ancien gouverneur passait alors sous le fort Gustav et son cheval effrayé se cabra. Le malheureux cavalier, désarçonné, roula dans le ravin et se fracassa le crâne. Il devait succomber peu après à son domicile. Il repose au cimetière de Lorient, mais peu connaissent son tombeau, pourtant visible à tous.

UN PUITS SANS FOND

Cette même année et celle qui suit (1828 et 1829) la situation commerciale de Saint-Barthélemy paraît moins désastreuse. Un léger espoir se fait jour. Mais dès 1831, le marasme reprend et de nouveaux commerçants quittent le pays. Au cours de 1829, le pasteur Carlson ouvrit à

Gustavia une école de garçons comprenant deux classes. Dans la première étaient enseignés l'histoire de la Suède, la grammaire anglaise, l'histoire sainte, l'arithmétique et la géographie. Dans la seconde, le français, le catéchisme, la géométrie, la géographie, l'histoire générale, le suédois, l'algèbre et le latin. Le pasteur semble avoir voulu faire de ses élèves de véritables petits savants. Il ouvrit ensuite une école de filles. Ses critiques sont des plus dures vis à vis de l'institution méthodiste qu'il doublait, et dont les maîtresses, suivant sa propre expression, "*Ne sont que de vieilles femmes du marché*". Pourtant à un examen qui eut lieu dans cette même école méthodiste en 1824, le gouverneur Norderling, qui avait interrogé lui-même une centaine d'élèves avait obtenu des réponses très satisfaisantes. Les frais de cette école étaient couverts par des donations, des souscriptions libres. Le roi de Suède lui accordait une subvention annuelle de cent piastres. Six ans passèrent, n'apportant rien de bien saillant, si ce n'est la poursuite du déclin. La population était tombée à 3 720 habitants, 2 060 à Gustavia et 1 660 à la campagne.

Le 2 août 1837, un cyclone plus terrible que tous ceux qui jusqu'alors avaient ravagé l'île s'abattit sur Gustavia et la région. Deux cents maisons furent totalement détruites, plus d'une centaine endommagées. Quarante personnes trouvèrent la mort, ensevelies sous les décombres. L'église de Gustavia se trouva plus qu'abimée, de même que le temple méthodiste. L'hôtel administratif, lui, avait particulièrement souffert. Le gouverneur avait dû s'enfuir en hâte avec sa famille d'un immeuble qui risquait de s'écrouler sur sa tête. Il faillit d'ailleurs dans cette tornade perdre la vie et les siens avec lui. Quelques navires se pensant en meilleure sécurité dans le port et s'y tenant ancrés restèrent au fond de la rade. L'ouragan passé, le gouverneur James Haarlef Haasum mit à la disposition des catholiques pour y célébrer leur culte, le temple luthérien, qui plus solide et bâti en pierres de taille, avait mieux résisté. Cette mesure nous donne la preuve que dans l'ensemble, les religions diverses cohabitaient sans heurts, chacune respectant les croyances du voisin.

L'église de Gustavia, ne sera complètement réparée qu'en 1840. Cette même année, ce fut par surcroît la fièvre maligne (toujours cette sinistre fièvre jaune), qui enleva trois cent à quatre cent personnes. Vu le chiffre de la population, le bilan est effroyable. Il est à noter que ce fléau n'est signalé pour la première fois dans les archives qu'en 1819. Devant cette situation affreuse beaucoup s'éloignèrent et le nombre des habitants tomba d'un seul coup à 2 536. Au cours de cette année cruciale, la récolte de sel pour toutes les salines ne sera que de trois mille barils. Une réelle misère commence à sévir et l'année suivante, bien que moins forte, l'épidémie recommence. Il va sans dire que la situation financière de l'île causait à la Suède de graves préoccupations et particulièrement au roi dont c'était la propriété personnelle, Domaine de la Couronne, et se devait de boucher les trous du budget, qui s'agrandissaient, sur ses ressources personnelles. Gustav III, fin diplomate, avait jugé plus adroit qu'il en fût ainsi. Limitant par-là, s'il y en avait, les protestations des chancelleries étrangères quant à l'acquisition d'un bien particulier effectué par un souverain. Peu après son avènement en 1818, Charles XIV avait demandé à la Diète de le libérer de cette charge. Les choses cependant demeurèrent en l'état.

En 1845, le roi Oscar Ier (né Joseph François Oscar Bernadotte, 1799 - 1859), remit la question sur le tapis, mais avec insistance. Il fit remarquer que tous les secours alloués étaient prélevés sur ses revenus qui s'essoufflaient à porter ce fardeau. En conséquence, il demanda à la Diète suédoise que Saint-Barthélemy soit incorporé à l'Etat. Ce désir fut accepté et l'île de ce fait devint partie intégrante de la Suède et non Domaine de la Couronne. Un crédit fut ouvert directement à Londres, il était de trois cent livres. Rapidement il passa à huit cent livres, puis, de hausses en hausses, atteignit finalement douze mille livres sterling, à la consternation des économistes suédois qui ne voyaient devant eux qu'un seau sans fond.

LA FIN DE L'ESCLAVAGE

La vie à la campagne pour les cultivateurs était cependant moins mauvaise, sans être brillante. Malgré les à-coups des saisons, la culture des ignames et autres légumes s'intensifia ainsi que différentes cultures. Gustavia, qui n'était plus qu'un gros village de 1 178 habitants en 1847, continua de péricliter. Plusieurs grandes maisons tombant en ruines furent abattues pour préserver celles d'alentour. Bientôt les raquettes et autres végétaux sauvages envahirent l'emplacement de ces demeures qui ne furent jamais reconstruites.

Durant cette période, les archives signalent l'émancipation croissante et accélérée des esclaves. La Diète suédoise avait dans ce but alloué une certaine somme. Ces mesures ne devaient cependant pas être du goût de tout le monde, car le montant intégral de la somme ne fut pas versé. Le résultat en fût un mécontentement profond à la fois chez les maîtres et chez les esclaves. A cette époque déjà lointaine, les parlements n'aimaient pas que leurs décisions après approbation

Ruine d'un vieil entrepôt à Gustavia

PHOTO BY MARIUS STACKELBOROUGH

fussent remises au fond des tiroirs ou jetées au panier comme paperasses sans valeur. Celui de la Suède réagit. Avec l'appui du roi, un comité fut créé pour régler cette question et de façon rapide et définitive quelles que puissent être les oppositions discrètes ou tapageuses. Libre de toute entrave, le comité avec diligence ne fit pas traîner les choses. Fin 1846, deux cent quarante et un esclaves étaient affranchis pour la somme de 29 991 gourdes. Dans les six premiers mois de 1847, les deux cent quatre-vingt-deux esclaves restant l'étaient pour la somme de 24 699 gourdes espagnoles.

Enfin le 9 octobre 1847, l'abolition de l'esclavage était solennellement proclamée sur tous les territoires relevant de la Couronne de Suède. Mais depuis quelques mois, il était aboli de fait. Les nouveaux affranchis adressèrent alors une lettre de remerciements au Souverain, par l'intermédiaire du gouverneur, pour cet acte d'humanité. L'empire britannique avait supprimé cette servitude humaine dès 1835, ce qui avait jeté quelques perturbations dans les îles antillaises françaises. Le marronnage ne se faisant plus dans les bois mais vers les îles anglaises, les planteurs ne cessèrent de demander alors des lois draconiennes, même féroces, au pouvoir central, que la métropole se souciait peu d'exiger d'un parlement rétif et encore moins d'appliquer. Toutefois, avec l'avènement de la Seconde République, l'esclavage sera aboli en France en 1848. Mais même sans ce changement de régime, cette abolition aurait eu lieu dans les années suivantes.

Aux Etats-Unis, pourtant République, il faudra attendre 1865 et la fin d'une guerre civile atroce qui fît six cent mille morts. Au Brésil, ce sera en 1885, par un édit de l'empereur Don Pedro. Dans les pays africains, ce sera avec la pénétration française et anglaise. Dans les pays musulmans, les choses en ce domaine traînèrent encore un certain nombre d'années, mais la condition des esclaves y était différente.

A Saint-Barthélemy ce changement immense se fit sans heurt. Il n'en fût pas de même partout. La preuve nous en est donnée par ce fait. Peu à peu la garnison s'était réduite pour ne compter qu'un lieutenant, un caporal, deux vice-caporaux et dix-huit soldats. On était loin des deux cent soixante hommes de garnison des forts de 1629 et des chiffres supérieurs des milices adjointes des années précédentes. Il est vrai que ce grand nombre de soldats en armes n'avait plus guère sa raison d'être. Les forts qui protégeaient l'entrée de la rade de Gustavia, qui s'étend sur environ sept cents mètres de long et deux cents mètres de large, était défendue par les forts Gustav, Carl et Oscar.

Mais Saint-Barthélemy, qui pouvait espérer vivre dans la tranquillité à défaut de la richesse, n'était pas encore au bout de ses malheurs. En 1850, une sécheresse épouvantable sévit sur l'île. L'eau devint un liquide si précieux, si rare, que même à prix d'argent on n'en pouvait trouver. Puis, quelques pluies bienfaisantes firent renaître un peu d'espérance. Elle fut de très courte durée. En automne, un cyclone ravagea Saint-Barthélemy. Maisons en ruines, navires jetés à la côte,

L'église à Lorient

PHOTO BY MARIUS STACKELBOROUGH

routes défoncées, etc. Cette fois le désespoir s'empara de la population. L'année suivante, une nouvelle confession s'établit dans l'île, celle des Anglicans. Au cours des mois qui suivent, la Guadeloupe voit son premier évêque, Monseigneur Lacarrière. L'église de Saint-Barthélemy, dont les trois quarts de la population étaient catholique, est rattachée au nouveau diocèse. L'année de son arrivée, le nouveau prélat se rend à Saint-Barthélemy. Il y fera d'ailleurs plusieurs visites.

Le 2 mars 1852, nouvelle catastrophe. Un incendie d'une extrême violence et dont il fût impossible d'enrayer les ravages, dévasta Gustavia. Toute la partie sud de la ville se transforma en une mer de flammes. Les maisons recouvertes de bardeaux favorisèrent l'incendie. Dans ce désastre, cent trente cinq maisons furent réduites en cendre, quatre à cinq cents personnes se trouvèrent sans toit. De cette effrayante secousse, Gustavia ne devait plus se relever. Les dégâts furent évalués à quatre vingt mille gourdes. La misère dans la ville atteignit alors son paroxysme. Le gouverneur ne disposait d'aucun moyen pour venir en aide aux sinistrés dont bon nombre ne possédaient plus rien. Toutefois, des secours divers arrivèrent des îles voisines. L'annonce de ce nouveau désastre, fut accueillie en Suède avec des soupirs désespérés. Cette île n'était que tracas, déboires, ennuis de toutes sortes.

L'année suivante, Monseigneur Fourcade, succéda à Monseigneur Lacarrière. Il est le second évêque de la Guadeloupe. Lui aussi se rend à Saint-Barthélemy à plusieurs reprises. Il y effectuera cinq visites de 1853 à 1858. Il est à souligner que l'accueil des autorités suédoises était des plus courtois, ce qui simplifiait grandement la tâche de ces hautes autorités ecclésiastiques. Le nouvel évêque envoie dans l'île des Religieux de l'Ordre du Saint-Esprit qui venaient de la Martinique. Ces pères fondent une école, L'Ecole des frères. De son côté, l'abbé Mahé met tout en œuvre et toute son influence à scinder les paroisses de Gustavia et de Lorient qui, en 1855, reçoit son premier curé en la personne de l'abbé Eugène le Couturier. Dès son arrivée, il construit le presbytère et commence la construction de l'église. La nouvelle église, celle de nos jours, devait être, elle, commencée en 1858 et achevée une dizaine d'années plus tard pour être inaugurée en décembre 1871.

Voici le texte de sa dédicace :

> *L'an mil huit cent soixante et onze et le trois du mois de décembre en vertu de l'autorisation que Sa Grandeur, Monseigneur Reyne, Evêque de la Basse-Terre, en a donné par écrit, le 20 mars de la présente année. Nous et le Couturier, Curé, soussignés, avons béni la nouvelle église de Lorient, île de Saint-Barthélemy, en présence de son Excellence Le Gouverneur de cette île Saint-Barthélemy, Monsieur Bror Ludvig Ulrich, de l'Abbé Gironis, Cure de Gustavia, des principaux officiers du gouvernement dans cette île et d'un très grand nombre de personnes venues de toutes les parties de ce pays et même des îles de Saint-Christophe et de Saint-Thomas.*

L'abbé Mahé devait mourir en Guadeloupe, à Goyave, mais par la suite il fût inhumé dans l'église de Gustavia. L'abbé Le Couturier, après un premier séjour de sept ans, devait y revenir en 1868 et y demeurer jusqu'en 1889, soit un deuxième séjour de vingt-et-un ans.

LE DÉCLIN ET LA FIN DE LA PÉRIODE SUÉDOISE

En l'année 1853, la culture du coton à laquelle on était revenu fût remplacée par celle de l'ananas. On fondait de grands espoirs sur elle. Prometteuse au début, cette culture devint assez décevante en raison de la concurrence et surtout de la mauvaise qualité des fruits. Aussi en 1861, on retourna au coton, mais la guerre de Sécession aux Etats-Unis provoque de nouveau un effondrement des prix[3].

---

[3] Note de l'éditeur : Bien que la guerre de Sécession aux Etats-Unis engendra une hausse temporaire du prix du coton , l'augmentation de la production en provenance d'Inde, d'Egypte et du Brésil entraina une chute des cours du coton au niveau mondial.

La marie en 1878

SAINT-BARTH SOCIETY OF SWEDEN

En 1858, Fredrick Carl Ulrich succéda au gouverneur James Haarlef Haasum. Ce dernier avait servi depuis 1828, sauf pour une période de deux ans, de 1831 à 1833. Charles XV (1859 - 1872) devint roi de Suède le 8 juillet 1859. Né le 3 mai 1826, il était le fils du roi Oscar Ier et de Joséphine Maximilienne de Beauharnais, fille d'un beau-fils de Napoléon Ier. L'acte où tous les notables de l'île lui prêtèrent serment d'allégeance se trouve aux archives départementales de la Guadeloupe, à Basse-Terre. Dans le marasme économique où se débattait Saint-Barthélemy, l'enseignement public était bien délaissé. Quelques écoles privées fonctionnaient assez bien, mais par intermittence. Un vingtième seulement de la population savait lire et écrire. Dans ce domaine, la régression était donc des plus nettes. Trois maîtresses congréganistes étaient bien venues de Guadeloupe, s'efforçant d'organiser un établissement scolaire durable. Les résultats, de très loin, ne correspondaient pas aux espérances.

Le 29 novembre 1867, fait unique en cette saison aux Antilles, un cyclone comparable à celui de 1837 tombe sur l'île. Toutes les récoltes sont anéanties, cinquante cinq maisons détruites, une soixantaine endommagée. Depuis trente ans les malheureux Saint-Barths vivaient au milieu des ruines. La même année, en particulier en décembre, des tremblements de terre violents ébranlèrent l'île. Il ne faut pas s'étonner si à la suite de tous ces avatars la population en 1872 n'était plus que de 2 390 habitants, inférieure à celle de nos jours (2 032 catholiques, 211 anglicans, 133 méthodistes et 14 luthériens).

Devant cette situation, les inspecteurs de l'Etat attirèrent l'attention de la Couronne sur la décadence accélérée de l'île. L'exportation du coton était tombée à cinq mille livres. L'exploitation des salines avait cessé et l'exportation des chapeaux de paille n'avait été que de 312 douzaines (chiffre infime qui laisse rêveur).

En 1872, le roi Oscar II de Suède (1829 - 1907) accède au trône. Il succéde à son frère, Charles XV. Il devait régner trente-trois ans

(1872 - 1905). Devant le bilan déplorable établi par ses délégués, le nouveau souverain acquiesça aux recommandations du parlement : se débarrasser du fardeau financier représenté par Saint-Barthélemy. Auparavant, l'île avait été Domaine de la Couronne, puis vu son peu de rentabilité, devenue sous Oscar II, Terre suédoise. Les souverains sans trop d'élégance s'étaient libérés de cette charge. Maintenant, plus personne n'en voulait, ni roi, ni gouvernement.

Saint-Barthélemy, à l'époque de son heureuse prospérité, vers 1814 - 1815, aurait été parait-il érigé en comté dont les armes seraient une anémone. La chose n'est pas impossible, toutefois on ne trouve point trace, même en Suède, de comtes de Saint-Barthélemy. Rattachée à la Couronne, le roi de Suède eut dû être comte de Saint-Barthélemy. Or, dans aucun acte royal, les rois de Suède ne se prévalent de ce titre, ce qui pour une terre aussi éloignée aurait été logique. Fait indiscutable, l'acte de rétrocession de 1877 commence ainsi : "*Oscar, par la Grâce de Dieu Roi de Suède et de Norvège des Goths et des Vandales...*"

Aucune allusion à ce titre de comte de Saint-Barthélemy qui, dans cette aliénation, ne pouvait complètement être passé sous silence. Il se peut, que pour des raisons administratives provinciales, l'île ait été déclarée comté et par la même dotée d'armoiries. Il s'agirait alors d'un comté administratif et non pas féodal. Seules les archives nobiliaires suédoises peuvent éclaircir ce petit point d'histoire.

Dans les tractations plus ou moins secrètes que la Suède engageait pour se libérer de Saint-Barthélemy, et contrairement à ce qui s'était passé en 1787, le gouvernement espérait pouvoir présenter un tableau ne tirant pas trop au noir, de crainte de décourager les acquéreurs éventuels. Dans ce but il y délègue en 1876, monsieur Nisbuth, avec mission d'étudier les possibilités d'un relèvement économique. Monsieur Nisbuth, sa mission terminée, adressa au roi un rapport instructif et raisonnable de l'ensemble de la situation. Il remarque : "*Les causes de la splendeur passée de Saint-Barthélemy, cette splendeur d'ailleurs toute factice, devait obligatoirement prendre fin. L'île n'est plus le centre de commerce transitaire."* Il conseille de s'efforcer de s'adonner à la culture et à l'élevage, les paysans au nombre de 1850, vivent un peu de tout, de pêche aussi. Il observe que bien conseillés par des techniciens compétents, leur production peut s'améliorer et par là-même leur condition de vie. Il fait allusion à une mine de plomb découverte à Lorient, et dont seul le manque d'argent empêche l'exploitation. Il préconise la culture du tabac, comme pouvant être une denrée d'avenir à revenu stable. Dans ce domaine, il rejoint les vues du Père Du Tertre, plus de deux siècles plus tard. Il est possible que dans la décadence commerciale de Saint-Barthélemy, il soit noté que par le développement continu de la navigation à vapeur, l'île cessait d'être sur la route maritime des nouveaux bâtiments lesquels n'empruntaient plus la route des grands voiliers. Par les chemins de fer, l'Europe connaissait des bouleversements économiques semblables qui ruinèrent des cités et en enrichirent d'autres.

Les propositions du rapporteur suédois ne représentaient d'intérêts que pour son gouvernement désireux de prouver que la décadence de Saint-Barthélemy n'était pas irrémédiable. La Suède était décidée de se débarrasser à tout prix de son îlot antillais, qui n'était qu'une gêne financière. Dès 1868, la Diète suédoise avait demandé avec insistance au roi Charles XV de renoncer à Saint-Barthélemy. Dès cette époque, des négociations furent entamées avec les Etats-Unis (1868 - 1870). Pressé, le gouvernement suédois n'avait pas attendu la fin des pourparlers déjà engagés avec les U.S.A. pour en entamer d'autres avec l'Italie, ce qui diplomatiquement manquait pour le moins de correction, chose que la République étoilée apprécia sans doute très peu car les négociations avec elle n'aboutirent pas. En 1876, l'Italie s'étant montrée très peu intéressée (il lui avait fallu bien du temps pour exprimer son opinion en cette circonstance) des pourparlers s'engagèrent avec la France.

CHAPÎTRE 5

Le Retour à la France 1876 - 1914

Comme il est dit plus haut, dès l'avènement d'Oscar II en 1872, le parlement voyant que la question de Saint-Barthélemy traînait en longueur pressa le nouveau roi de régler cette ennuyeuse affaire. Monsieur Jules Ferry était alors Président du Conseil français. Le traité de Francfort, signé avec la Prusse devenue l'Empire allemand à la suite de "la guerre malheureuse" [1] de 1870 - 1871, contenait une clause humiliante. La France, sans l'accord de l'Allemagne, ne pouvait faire aucune acquisition territoriale. Or Jules Ferry, un des grands politiques de la IIIème République (leur nombre fût assez restreint), ébauchait la grande politique coloniale de la France. Il avait déjà des visées sur la Tunisie, dont le gouvernement aussi anarchique que décadent justifiait toutes les interventions. Mais Bismarck, le chancelier de l'Empire allemand, déjà inquiet du relèvement trop rapide à son gré de notre pays, avait les yeux grands ouverts. Il fallait donc pour le ministre français un précédent qui n'attire pas trop l'attention. Les sollicitations suédoises créaient ce précédent. De plus Saint-Barthélemy était une ancienne terre française, de très petite dimension et située aux antipodes. Discrètement faite, cette rétrocession ne pouvait guère inquiéter l'empire allemand ou alors il étalait sa mauvaise foi aux yeux de l'Europe entière, de la Russie en particulier, déjà presque alliée de la France.

---

[1] Note de l'editeur : Il s'agit bien évidemment de la guerre franco-prussienne (1870 - 1871).

Il est assez étonnant que la Suède se soit adressée au gouvernement français en dernier ressort après avoir épuisé tous les preneurs possibles. Nul doute que dès 1868, Napoléon III eût accepté le retour de Saint-Barthélemy à la France et diplomatiquement les choses eussent été plus aisées. Jules Ferry, sans bruit, mena rondement les discussions. Il ne souhaitait pas voir les pourparlers s'éterniser. La Suède non plus, mais pour des raisons totalement différentes. Dès le 10 août 1877, un traité à ce sujet était signé entre la France et la Suède. Par ce traité la France s'engageait à faire de Saint-Barthélemy une de ses possessions, si toutefois l'ensemble de la population consentait à opter pour la France. Ceux qui le désiraient pourraient conserver la nationalité suédoise, sans pour cela être inquiétés en aucune façon, ni dans leurs personnes, ni dans leurs biens.

Le roi Oscar II en fit part à la population de Saint-Barthélemy par l'intermédiaire du gouverneur Bror Ludvig Ulrich, qui avait remplacé le gouverneur F. C. Ulrich en 1868. Avec discrétion, le roi Oscar II passa pudiquement sous silence les tractations antérieures avec les U.S.A. et l'Italie.

En voici le texte exact et intégral :

> *Oscar par la Grâce de Dieu Roi de Suède, de Norvège, des Goths et des Vandales.*
>
> *Depuis que le Parlement nous a demandé, dans une humble pétition, présentée le 6 mai 1864, après que les habitants de Saint-Barthélemy auront été consultés et auront agréé la proposition d'être rattachés à une autre puissance, de vouloir bien daigner envisager la possibilité de détacher cette colonie de l'Etat suédois d'une manière convenable, étant donné que la situation de cette colonie éloignée de sa métropole et de ses routes commerciales ordinaires rend précaires les soins que les habitants peuvent attendre de la Suède nous avons cherché le*

Oscar II, roi de Suède

moyen de remettre les intérêts de cette colonie entre les mains de quelque autre puissance qui serait plus capable de s'en occuper.

De tous les Etats susceptibles d'être choisis venait en premier lieu la France, l'ancienne métropole de l'île, avec laquelle la plupart des habitants ont toujours été liés tant par la langue que par la religion et qui du fait de ses autres grandes colonies, semblait avoir les meilleurs moyens de veiller aux intérêts spirituels et matériels des habitants.

Prenant ces motifs en considération, nous avons or-

donné à notre ambassadeur à Paris d'entreprendre des négociations en vue de la rétrocession de ladite île avec le pouvoir mentionné ci-dessus , par suite du traité qui, sous réserve de notre sanction, a été signé à Paris le 10 de ce mois, il a été décidé que la Suède cédera ses droits sur l'île de Saint-Barthélemy à condition que les fonctionnaires employés dans l'île reçoivent une juste indemnité s'ils ne passent pas au service de la France et que pour rachat des propriétés domaniales appartenant à la Couronne de Suède une somme versée à sa Majesté le Roi de Suède qui l'utilisera à la fondation, dans l'île de Saint-Barthélemy, d'une œuvre de bienfaisance en faveur de ses habitants. En conséquence puisque selon les termes du mémoire du Parlement, la population doit être consultée sur le transfert de l'île à une autre puissance, nous vous ordonnons par les présentes d'organiser un plébiscite dans les meilleurs délais. A cet effet vous informerez la population, par une proclamation, des raisons de notre décision, qui sera publiée avant les élections. Vous pourrez arrêter vous-mêmes les modalités de ces élections étant entendu que tout citoyen majeur d'âge a droit de voter. Après quoi vous m'informerez sans retard, du résultat de ces élections.

Au Palais Royal de Stockholm,
le 17 août 1877.
Oscar II de Suède

La population dans sa presque totalité opta pour la France, parmi laquelle trois cent cinquante et un notables sur trois cent cinquante deux. Ce plébiscite dut être assez agréable au gouvernement suédois qui ne souhaitait guère un refus. Peut-être le fit-il discrètement savoir. D'ailleurs le roi dans sa proclamation le laisse entendre clairement. Le gouverneur Ulrich, avait chargé l'abbé J. B. Gironis, curé de Gustavia, de mener le plébiscite. Celui-ci fit valoir à l'île "Normande" que l'éducation catholique était pleinement assurée sous le chapeau tricolore, et que dans ce domaine, il n'y avait aucun danger pour leur foi, et que les autres confessions religieuses seraient respectées. Ce choix, cette décision, n'étaient pas pour faire plaisir aux intransigeants ruinés, mais entêtés. Les décisions du roi du parlement suédois s'étalaient au grand jour. Les conditions de transfert furent signées à Paris le 3 octobre. Les choses allaient vite. La chancellerie allemande, comme les autres puissances se contentèrent d'en prendre acte, sans particulièrement tiquer et sans soulever la clause du Traité de Francfort. Jules Ferry dut respirer. Un éclat de Bismarck et son opposition eut compromis à son berceau le futur empire colonial français en Afrique et en Asie. Le traité fût approuvé par le Parlement français et la Diète suédoise en août 1878. Bismarck fit mine de ne pas s'intéresser à cette vétille.

Quelques années plus tard, s'ouvrait la Conférence de Berlin partageant et découpant l'Afrique sur le papier. Chaque puissance ayant droit à son morceau. L'Allemagne voulait y jouer un rôle de médiateur de premier plan, même le principal. Il ne fallait donc pas chicaner sur un caillou, dès le début d'une conférence où chacun allait étaler une voracité vulgaire. Mais ce n'était là qu'une approbation de forme, car la France avait pris possession de Saint-Barthélemy officiellement quelques mois plus tôt.

Dans cette convention il ne semble pas avoir été beaucoup question des établissements commerciaux de Göteborg qui paraissent ne pas avoir joué le rôle commercial, surtout dans les cinquante dernières années. Certainement ils redevinrent propriété suédoise. La France payait une indemnité de départ de trois cent vingt mille francs aux fonctionnaires suédois de tous rangs qui ne passaient pas au service de la France. De plus une somme de quatre vingt mille francs était comptée à la Couronne de Suède pour rachat des propriétés domaniales qu'elle possédait dans l'île. L'ensemble représentait vingt mille Louis d'or.

LE TRANSFERT DE L'ÎLE À LA FRANCE PAR LA SUÈDE

Toutefois le roi Oscar II, assez désintéressé en cette circonstance, reversa la somme qui lui était destinée, quatre-vingt milles francs (quatre mille Louis d'or) aux nécessiteux de l'île et pour la construction d'un nouvel hôpital. Dans sa déclaration du 17 août 1877, le souverain manifeste clairement son intention charitable. Il fallut cependant attendre 1935, et pas avec cet argent, pour que le Père de Bryun construise cet hôpital. Entre-temps, les fonds avaient disparu. En 1945, la fondation Oscar II (secours aux indigents) sera également abolie, les fonds étant réduits à néant. Toute saine gestion financière les aurait au contraire fait fructifier.

La plus simple équité oblige donc de reconnaître que contrairement à certaines allégations assez malveillantes, la Suède n'a pas vendu Saint-Barthélemy à la France mais l'a simplement rétrocédé parce que l'île était une charge trop lourde pour ses finances depuis pas mal d'années, et l'indemnité versée l'était aux fonctionnaires suédois et non à leur pays. Pour celle versée à la Couronne, le roi en faisant don à la population.

Le 16 mars 1878 le drapeau suédois flotta pour la dernière fois sur Saint-Barthélemy. Le jour même le gouverneur Ulrich adressa à la population la proclamation suivante :

> *Habitants de Saint-Barthélemy,*
>
> *Selon le traité du 10 août de l'année dernière, cette île doit être transférée de la Suède à la France, et ce transfert doit avoir lieu aujourd'hui. Avant de cesser d'avoir une position et situation publique dans cette colonie, il m'appartient de publier ce jour la proclamation de Sa Majesté le Roi, et de vous dire à cette occasion un chaleureux adieu, en vous remerciant pour les sentiments de gentillesse et d'amitié que vous m'avez manifestés durant tout le temps de mon administration.*

Je vous souhaite à chacun en particulier, et à tous en général, une prospérité de tous genres.

A Gustavia, Saint-Barthélemy,
le 16 mars 1878.
Ulrich

Le même jour le gouverneur de la Guadeloupe M. Couturier, débarqua dans l'île avec une escadre française, dont la *Victoire,* battant pavillon de l'amiral français. Une salve d'artillerie salua l'arrivée de l'escadre. Le port était entouré des bateaux des îles voisines. La corvette suédoise *Vanadis* avait été envoyée pour assister à la cérémonie. Une double haie de soldats français et suédois s'étendait de chaque côté de l'hôtel du gouverneur. Il reçut sur les marches de l'escalier le gouverneur Couturier. Celui-ci, parla en termes très élogieux du gouverneur Ulrich. Puis, après lui avoir donné l'accolade, il lui épingla sur la poitrine la Croix de la Légion d'honneur. Le gouverneur suédois remercia alors le représentant français de l'honneur qui était fait à la Suède à travers sa personne.

Voici l'allocution du gouverneur Couturier devant la population assemblée :

Habitants de Saint-Barthélemy,

Séparés de la France depuis près d'un siècle, vos pères vous ont légué leur pieux attachement pour l'ancienne patrie, dont vous avez conservé la langue, les mœurs, les souvenirs. C'est par le mutuel accord de deux puissances amies qui ont successivement possédé votre pays, c'est d'après le vœu librement exprimé de la population que l'île de Saint-Barthélemy est aujourd'hui réunie à la France. Avec le drapeau qui flotte maintenant sur votre rivage, la République française vous apporte les bienfaits de ses institutions et la protection de ses lois. Tous les droits, toutes

La mairie d'aujourd'hui

PHOTO BY MARIUS STAKELBOROUGH

les garanties qu'elle assure aux citoyens français sont aujourd'hui les vôtres. La loi qui consacre votre réunion à la France rattache l'île de Saint-Barthélemy au gouvernement de la Guadeloupe.

Vous pouvez compter sur ma sollicitude la plus vigilante. L'administration de la Guadeloupe emploiera tous ses soins à améliorer votre situation, à augmenter votre bien être, à répandre dans cette île les bienfaits que procure le règne pacifique de l'ordre, du travail de la liberté et du progrès. Elle ne saurait avoir l'ambition de vous faire oublier le gouvernement paternel qu'elle vient remplacer ici, mais elle s'efforcera du moins de ne pas le faire regretter.

En s'inspirant de vues généreuses et libérales du ministère de la marine et des colonies, l'administration de la Guadeloupe espère parvenir à gagner par son dévouement la confiance et l'affection de l'honnête et paisible population dont les intérêts lui sont désormais confiés. Habitants de Saint-Barthélemy, Vous avez toujours aimé la France : vous lui appartenez aujourd'hui par la nationalité. Unissons donc nos sentiments et nos vœux dans un même élan d'amour pour la patrie commune.

Vive la France !

Vive la République !

Le gouverneur M. Couturier.

Il est juste de reconnaître que malgré son désir de bien faire, le gouverneur Couturier s'avançait beaucoup. Il fallût trois quarts de siècle d'administration pour que ces louables promesses soient relativement tenues. Pendant tout ce temps Saint-Barthélemy fût pratiquement oubliée dans sa vie économique par l'administration de tutelle. Un *Te Deum* fût ensuite chanté en l'église de Gustavia en présence de toutes les notabilités. L'évêque de la Guadeloupe, Monseigneur Blanger (il en était le cinquième) y fit l'éloge de l'administration suédoise et de ses représentants, et il exprima l'espoir de les voir un jour embrasser la foi catholique. Il les remercia d'avoir très largement contribué au maintien de cette foi à Saint-Barthélemy bien qu'ils ne fussent pas catholiques romains[2].

Dans la journée fût publiée une proclamation du roi Oscar II remerciant la population de l'île pour la fidélité à la couronne de Suède durant tout le temps qu'elle fût rattachée à ce pays. En voici le texte :

> *Nous, Oscar, roi de Suède et Norvège, des Goths et des Vandales par la grâce de Dieu, saluons tous nos loyaux sujets qui habitent l'île de Saint-Barth.*
>
> *Lorsque nous avons entrepris les négociations avec le gouvernement de la République française concernant le rattachement de Saint-Barth, le seul sentiment qui nous a guidé a été notre conviction que ce serait dans les meilleurs intérêts de cette colonie. Notre conviction a été renforcée par l'unanimité avec laquelle vous avez voté en faveur de votre réunion à la France, nous prouvant ainsi que vos liens naturels avec cette grande et noble Nation sont aussi forts qu'ils l'étaient dans le passé.*
>
> *Nous avons alors donné notre approbation royale au Traité sous lequel nous rendons nos droits sur la colonie de St. Barth à la France.*
>
> *Nous vous remercions de votre loyauté et de l'amour que vous n'avez jamais cessé de nous montrer ainsi qu'à la Mère Patrie, et, par cette lettre nous vous délions de tous liens de sujétion envers nous et la couronne de Suède, et demandons sur vous la Bénédiction du Tout-Puissant.*
>
> Oscar II de Suède

---

[2] Voir Appendice B.

Une autre proclamation du Président de la République française, était pleine d'engagements prometteurs. L'administration française s'installa alors à l'Hôtel du gouverneur et résidence du gouverneur, notre mairie actuelle. Le soir, un banquet de soixante-dix couverts fut offert par le gouverneur Ulrich. La journée se termina par un feu d'artifice. Le lendemain vers midi, un nouveau banquet à bord du navire amiral et le soir, un autre banquet offert par le gouverneur Couturier aux personnalités suédoises. Au cours de ces multiples réceptions, de nombreux discours furent prononcés peignant l'avenir de l'île sous les couleurs les plus brillantes. Le lendemain, les dignitaires français regagnèrent la Guadeloupe et l'administration de Saint-Barthélemy fut confiée à titre d'intérim à monsieur Cochet, juge de paix du Canton de Capesterre. Il exercera en cette qualité tous les pouvoirs conférés au gouverneur de Saint-Barthélemy par la législation existante, sous l'autorité supérieure du gouverneur de la Guadeloupe, et d'après les ordres des chefs d'administration dans la limite de leurs attributions respectives.

Nous ne saurions passer sous silence la franchise du port de Gustavia et de l'île qui était reconnue. Le port de Gustavia est ouvert à l'importation et à l'exportation conformément à la législation actuellement en vigueur sous le régime commercial.

L'île était donc demeurée suédoise pendant quatre-vingt-douze ans. Dans l'après-midi du 20 mars, le *Vanadis* quittait à son tour Gustavia à 18 heures ayant à son bord l'ex-gouverneur Ulrich en direction de Saint-Thomas avant de regagner la Suède. L'état des dépenses effectuées par la Guadeloupe ou plutôt son administration à l'occasion de la rétrocession de l'île fût de 2 299 francs et 89 centimes (archives de la France d'outre-mer). A cette époque les chiffres de dépenses administratives étaient précis, les déplacements officiels peu coûteux, mais leur coût soigneusement contrôlé.

Lors des fêtes accompagnant le retour à la France de Saint-

Barthélemy, Monseigneur Blanger y était venu avec un certain nombre de dignitaires religieux. En effet en 1873, la majesté épiscopale se voit rehausser d'un corps de Vénérables chanoines honoraires. Cette dignité pour ces derniers leur donne droit au costume, ce qui pour certains est l'essentiel. Désormais un cortège de semi-prélats, de vicaires, de généraux, accompagne l'évêque dans ses déplacements et les curés des paroisses voisines accourent. C'est un déploiement d'or, de violet et d'hermine, au milieu de fidèles dont les mouchoirs épongeant des fronts ruisselants jettent une note inattendue. Le cérémonial est plus que protocolaire, la troupe mobilisée présente les armes, le canon tonne au passage de l'évêque. Les officiels, sans exception, se dérangent pour l'accueillir. Tout cela entrave sa mission. De plus le gouvernement le paie. Si il l'oublie, avec déférence bien sûr, on

Gustavia en 1878. Le bateau *Vanadis* est partiellement visible derrière le point à gauche.

SAINT-BARTH SOCIETY OF SWEDEN

Les matelots de *Vanadis* en face de la mairie pendant la rétrocession

SAINT-BARTH SOCIETY OF SWEDEN

n'hésitera pas à lui rappeler. Dès leur arrivée les premiers évêques en Guadeloupe s'efforcèrent avec plus ou moins de succès de desserrer ce carcan protocolaire et administratif qui les étranglait. Ils y parvinrent peu à peu. Pour s'en libérer presque définitivement, il fallut plus d'un demi-siècle. Mais pour l'Eglise le temps ne compte pas.[3]

Dans les six mois qui suivirent, le gouvernement français prit une série de décrets et d'arrêtés. Le décret du 27 juillet 1878 déclarait Saint-Barthélemy comme île dépendante de la Guadeloupe. Un second, en date du 31 août, y instituant un tribunal de première instance. Ces deux décrets portent la signature du maréchal de Mac-Mahon, alors chef de l'état.

Le 11 octobre était créé un bureau de poste par un arrêté du gouverneur Couturier. Ce même jour, il est installé une commission de quinze membres pour pourvoir à l'administration de l'île, en attendant

[3] Chartes N° 1147.

l'élection d'un conseil municipal. M. Hippolyte Duchatellard assura la présidence de cette commission avec fonction de maire. L'installation de cet intérim qui remplaçait l'autorité du juge de paix eût lieu le 4 novembre. Le gouverneur Couturier, peut-être en raison des circonstances, sembla s'intéresser au sort des habitants de Saint-Barthélemy. Au bout de quelques mois il mit sur pied une administration locale valable : postes, tribunal, conseil municipal. Il n'en fût pas de même de tous ses successeurs dont certains n'y mirent jamais les pieds, et ne révélèrent leur existence que par des tracasseries administratives.

Le président de la commission chargée de l'administration provisoire de l'île, M. Duchatellard, était l'un des plus puissants commerçants de Gustavia, sinon le plus et, chose rare dans le négoce, estimé de toute la population, alliant à la prudente gestion de ses affaires beaucoup de compréhension pour les difficultés d'autrui. Il devait décéder en 1915.

De août 1878 à la fin de l'année, le budget communal s'élèvera à 4 594 francs. Celui de 1879 à 17 306 francs. On était loin des recettes procurées en 1806 par les exportations et importations de marchandises d'un montant de trois millions de piastres et même des chiffres des environs de 1820. Pour se procurer les ressources indispensables, les membres de la commission décidèrent d'instaurer des droits de quais, sur les marchandises débarquant et embarquant. Ces droits étaient minimes et M. Duchatellard expliqua qu'ils ne pourraient en raison de leur modicité nuire au commerce local mais procureraient une augmentation de recettes à l'administration communale. Il ne parait pas qu'une forte opposition se soit déclarée contre cette mesure qui entra en application le 20 mai 1879.

Le 16 novembre de cette même année eurent lieu les élections municipales. M. Duchatellard fut élu maire. Une commission avait été chargée d'établir les listes électorales, ainsi que d'effectuer un recensement exact de la population à cette occasion.

Ce recensement donne les résultats suivants :

Gustavia :	985 habitants	**Public :**	93 habitants
Colombier :	253 habitants	**Le Rhin :**	87 habitants
Grand Fond :	214 habitants	**Marigot :**	75 habitants
Flamands :	208 habitants	**Anse des Cayes :**	62 habitants
Corossol :	157 habitants	**Petite Saline :**	55 habitants
Grande Saline :	141 habitants	**Camaruche :**	46 habitants
Vittet :	140 habitants	**Anse du Gouverneur :**	41 habitants
Saint Jean :	121 habitants	**Anse des Lézards :**	32 habitants
Lorient :	99 habitants	**Chovet :**	8 habitants

Soit une population de 2 817 habitants. Celle des campagnes était donc de 1 832, elle augmentait donc, contrairement à celle de Gustavia.

L'ensemble était en progression par rapport à 1872. Peut-être certains qui l'avaient quitté momentanément y avaient-ils fait retour ? Il est possible aussi qu'espérant une existence meilleure en raison du changement de tutelle, quelques personnes étrangères à l'île vinrent y résider. Possible aussi que le recensement de 1872 ait présenté quelques lacunes.

PROBLÈMES DE BUDGET

A partir de 1880, et pendant de nombreuses années, dans les votes annuels du budget communal il sera sans cesse question des difficultés financières de la commune qui, à son grand regret, ne peut aisément s'acquitter de ses charges. Le 1er janvier 1882 est établi une taxe annuelle sur les chiens. Cette mesure inattendue est prise moins sans doute par le Conseil municipal pour se procurer des ressources que pour empêcher la divagation de ces animaux, dont il est dit que vue la quantité des habitants, des mesures s'imposent. Il faut en conclure que dans ce domaine un laisser-aller regrettable se faisait jour.

Cette année-là, M. Jean Baptiste Deravin était élu adjoint pour le

Anse de Lorient

quartier de Lorient et M. H. Burton Dinzey adjoint à Gustavia. Le premier représentait les quartiers eu Vent, le second ceux de sous le Vent. Presque aussitôt, des réparations sont entreprises pour la réfection du presbytère du bourg assez délabré. L'année suivante, le budget communal s'élevait à la somme de 20 693 francs.

Notons que M. Dinzey était le père de Miss Dinzey que plusieurs ont connue. Vieille douairière droite et fière, mais très respectable qui devait s'éteindre à quatre-vingt-dix ans passés. Vivant dans une belle demeure, elle se nourrissait de la nostalgie du passé, ignorant le présent, envisageant peu l'avenir si ce n'est sous les couleurs les plus sombres. Entourée de portraits royaux de la dynastie suédoise, elle regardait avec mélancolie mais dignité un monde qui n'était plus le sien. Le portrait d'Oscar II ne figurait pas au grand salon. Il avait été remisé, non au grenier, mais au fond d'un dépôt servant de débarras, comme un objet dont on souhaite se débarrasser ou tout au moins ne plus voir. “Ce traitre qui a osé !” disait-elle d’une voix frémissante. C’est dans cette demeure que se trouve aujourd’hui le Yacht Club de Saint-Barthélemy. Son père, très estimé de la population, fût sans doute plus large d’esprit que cette dame altière mais très honorable. Elle était née en 1867.

Le 2 mai 1883 se produit le premier heurt sérieux avec le gouvernement métropolitain. Le ministre de l’intérieur revendique certains terrains situés dans la zone des Cinquante pas géométriques. Pour y faire quoi ? Au cours d’une session, le conseil s’élève avec furie contre cette prétention. Il déclare nettement que les cinquante pas géométriques ne sont pas applicables à Saint-Barthélemy. Le gouvernement n’ayant jamais fait de réserves sur ces fameux Cinquante pas, et ayant lui-même acquis en 1814 et 1870 des terrains se trouvant dans cette zone, et les ayant payés à des particuliers ne reconnaissait donc pas l’existence de ce droit à l’état. Le conseil municipal ajoute qu’en

La maison Dinzey

PHOTO BY MARIUS STACKELBOROUGH

Saint-Bartholomew's Eglise anglicane à Gustavia

PHOTO BY MARIUS STACKELBOROUGH

conséquence le gouvernement actuel ne pouvait les revendiquer, ni de droit, ni de fait. En toute logique l'assemblée estime que dans ce domaine les choses doivent demeurer comme par le passé. En effet, les choses en restèrent là.

Entre temps deux écoles avaient été ouvertes à Gustavia, et un crédit voté à cette occasion. Mais la situation financière communale ne paraît pas excessivement brillante. Quand il est question d'en ouvrir une mixte, garçons et filles à Lorient, la municipalité tout en estimant cette institution des plus utiles déclare néanmoins qu'à son grand regret la position financière de la commune ne lui permet pas d'en assumer la charge. En 1889 il est question de la création d'une succursale à Saint-Barthélemy de la Caisse d'épargne de Guadeloupe. Le conseil municipal ne donna pas suite à ce projet. Le ministre de l'intérieur crut devoir insister, sans résultat d'ailleurs.

C'est à cette époque que l'abbé Prual construit le clocher de l'église de Gustavia. Les membres du clergé jouent durant cette période un rôle bienfaisant et important. Le R. P. Morvan introduit dans l'île les lataniers permettant une activité artisanale qui dure depuis quatre vingt ans. Elle existait certes, mais était très faible. Mais qui connaît le nom de ce saint prêtre qui desservit les deux paroisses de l'île (1902 - 1909) se révélant un apôtre de charité, d'une charité discrète ? Pratiquement personne... Il a sombré dans l'oubli.

Finalement après bien des difficultés, dont celles d'argent ne sont pas les moindres, l'école primaire de Lorient est définitivement installée en 1890. Elle fonctionnait cependant au ralenti depuis l'année précédente. Un adjoint avait été donné à l'instituteur de Gustavia. Il faudra attendre 1894 pour qu'un autre seconde celui de Lorient. A Gustavia, l'abbé Vignolet sollicite de la commune des subventions plus ou moins importantes pour la réparation de l'église du presbytère. Les réparations de 1882 n'avaient été que partielles. Il n'a satisfaction qu'en partie. De son côté, le Père Grégoire à Lorient fait peindre lui, la voûte de son église sans trop de sollicitations, à un budget communal bien essoufflé. Depuis un certain temps un crédit de soixante mille francs avait été sollicité du gouvernement français afin de permettre de remettre en état des salines de l'île et reprendre leur exploitation. Ce crédit fût accordé le 8 juin 1896 (le ministre des colonies était alors M. Chautemps). Mais un second orage administratif se lève, cette fois avec le gouvernement de la Guadeloupe. D'autres devaient suivre.

Le 15 novembre 1899, le gouvernement proteste contre la décision du conseil municipal de réduire les droits de quai dans le port de Gustavia et demande le retrait de cette mesure. La municipalité se déchaîne, le maire en tête. Elle rejette cette immixtion de l'administration centrale dans des questions communales dont le conseil est seul juge. La question des droits communaux est de l'appartenance des conseillers de l'île et non de celle du gouverneur. Le conseil fait observer que quand les tarifs avaient été augmentés, le gouverneur de la Guadeloupe n'avait fait aucune objection à cette initiative. Donc la municipalité maintient sa décision.

Peu après, à l'occasion de nouvelles élections, M. Duchatellard déjà âgé, se retira de la vie publique. Il avait administré l'île pendant vingt-deux ans. M. Jean Bertrand Sourd, gendre du maire sortant et gendarme en retraite, est alors élu à la tête de la municipalité le 20 mai 1900. Il est probable que sa position familiale le servit beaucoup en cette circonstance. La nouvelle assemblée ne tarde pas à demander avec insistance au ministre des colonies d'affecter à Saint-Barthélemy un médecin titulaire. Les médecins de marine de passage, malgré leur dévouement, n'étant pas une solution.

CONFRONTATIONS AVEC L'ADMINISTRATION GUADELOUPÉENNE

Le 15 décembre 1900, nouvelle tempête avec l'administration guadeloupéenne. Le gouverneur fait en effet savoir qu'en raison de la déficience de son budget, la commune se doit de supprimer les dépenses

Vieille tour de l'horloge

PHOTO BY MARIAS STACKELBOROUGH

affectées aux établissements du culte ; églises, presbytères, fabriques de Gustavia et Lorient, associations artisanales et religieuses. Nous sommes sous le règne de la laïcité et de l'athéisme que tente d'instaurer le ministère Combes, et qui devait préluder à la séparation de l'Eglise et de l'Etat. Dans les notes du gouverneur, on sent comme la nuancc d'unc menace si ces suggestions nécessaires ne sont pas satisfaites. Le conseil municipal se cabre une fois de plus, indigné d'une pareille ingérence, et maintient son budget.

Pour la première fois, dans des papiers que le temps a jauni, on découvre trace en 1902 d'une ébauche de projet pour l'établissement d'une école au Colombier. Cette même année, malgré des finances délabrées, la commune n'hésita pas à envoyer une somme de deux cent francs en faveur des sinistrés de l'éruption de la montagne Pelée à la Martinique. Dans le même temps, une somme annuelle fut allouée pour la charge du dépôt de médicaments installé à Gustavia. Le conseil ayant estimé que cent francs étaient une somme nettement insuffisante et ne couvrait pas les dépenses des médicaments distribués aux indigents par le bureau de bienfaisance qui l'allouait et qu'il avait paru humain pour cette dame assurant la charge de ce dépôt d'en distribuer une certaine quantité à des personnes nécessiteuses non secourues par le bureau de bienfaisance.

Vers cette époque, pour faciliter les transports à travers des chemins chaotiques, la population des campagnes commence à importer des ânes appelés communément ici bourriques, *donkeys.* Cette modeste innovation était un grand progrès. Jusqu'alors les transports se faisaient à dos d'homme et étaient par là-même des plus limités. L'on peut s'étonner que l'on n'ait pas songé beaucoup plus tôt à ce mode de transport qui dans son imperfection, était aussi progressiste que le passage de la diligence aux chemins de fer pour l'Europe. Les ânes provenaient surtout de Saint-Christophe et bientôt dans les campagnes, chaque foyer où presque possédait sa bourrique. Soixante ans plus tard, camions et camionnettes ont éliminé peu à peu ces fidèles compagnons, trop souvent méprisés dans les fables d'école, surtout à cause de leurs grandes oreilles, parfois serviteurs têtus même un peu indociles mais peu exigeants. Ils ont joué sur le tard un rôle modeste mais indiscutable dans l'économie de l'île et méritent une tape amicale.

A ce moment, les tiraillements, les heurts avec l'administration

Photo Eglise de Colombier

PHOTO BY MARIUS STACKELBOROUGH

deviennent de plus en plus aigus. La raison principale en était la loi de séparation de l'Eglise et de l'Etat, et la mainmise de ce dernier sur les biens de l'église. La loi votée en France en 1905 à l'instigation du ministre Combes n'a guère enrichi l'Etat, en dépit de ce dépouillement légalisé. Devant cette situation, Monseigneur Duval administrateur du diocèse de la Guadeloupe, prend le taureau par les cornes. Dans une pétition adressée au gouvernement et qui groupe la presque totalité des communes de la Guadeloupe, il obtient le sursis de cette loi dans son application pour la région jusqu'en 1911. Elle risquait d'être, pour la colonie, un désastre budgétaire et économique plus qu'une atteinte à la religion.

Le gouvernement français, à ce moment, avait pas mal de soucis et par sectarisme s'en créait d'autres. Il n'insista pas trop et donna son accord. En effet notre alliée, la Russie, venait de subir une cuisante défaite de la part du Japon et elle étalait en même temps sa faiblesse interne aux yeux du monde entier. Exploitant cette situation, le Kaizer d'Allemagne, Guillaume II, devenait singulièrement arrogant, voire menaçant. De plus cette loi de séparation qui ne plaisait pas à tout le monde en France ne s'y accomplissait pas sans agitation, ni tapage.[4]

Cette première question réglée, M. Duval engage alors des pourparlers avec le supérieur général des dominicains de Curaçao. Ces religieux exerçaient leur apostolat dans la partie hollandaise de Saint-Martin. L'administrateur du diocèse, en prévision d'un recrutement sacerdotal plus difficile, souhaitait qu'ils étendent leur activité spirituelle sur la partie française de cette île et sur Saint-Barthélemy. Son but était de soulager le clergé de la Guadeloupe qui, vu le nouvel état de chose, pouvait s'amenuiser. L'évêque de Curaçao et le Supérieur donnèrent leur accord. Tout cela devait être confirmé par Monseigneur Genoud, nommé évêque de la Guadeloupe en 1912, et qui le demeurera jusqu'en 1944, date de son décès après trente-deux ans d'épiscopat.

UN DOCTEUR ET (PRESQUE) UNE NOUVELLE ÉCOLE

Après plusieurs années de silence, il est de nouveau question en 1907 de la future école du Colombier. Alcide Terrac, conseiller général, écrit

---

[4]La défaite russe qui provoqua d'ailleurs des émeutes sanglantes à Saint-Pétersbourg, le premier ministre fut assassiné, influença dangereusement la politique extérieure de l'Allemagne. Le Kaiser, jusqu'alors d'une relative prudence, ne redouta plus guère d'être pris en sandwich entre la France et la Russie en cas de conflit : pensée qui était la hantise de Bismarck. L'empire russe venant de démontrer sa faiblesse, son impuissance, l'empereur allemand commence à hausser singulièrement le ton. Cela durera jusqu'en 1914, date fatidique pour plusieurs empires qui sombreront dans la catastrophe, pour d'autres aussi. Beaucoup ignoraient où ils s'engageaient, en réalité aucun ne le savait. S'ils l'eussent su ? Mais comment auraient-ils pu déchirer le voile de l'avenir et voir les gerfauts sortir de leur charnier.

au conseil municipal de Saint-Barthélemy que le Conseil général en Guadeloupe a voté la somme de cinq mille francs pour la réalisation de cet établissement. Le maire en accord avec la municipalité demande au gouverneur les raisons pour lesquelles ce virement n'a pas encore été effectué et sollicite avec insistance la remise de cette somme pour lui permettre de commencer les travaux de toute urgence, afin qu'ils puissent être terminés pour la rentrée d'octobre. Puis on ne retrouve trace, ni d'argent, ni de projet d'école.

Après des années d'attente (dix ans) un médecin ayant finalement été affecté à Saint-Barthélemy, la municipalité vote pour ce docteur une indemnité annuelle de trois cent francs et une de cent vingt-cinq francs mensuels pour les indigents. Mais, bientôt les ennuis surgissent. Le maire, à la suite de réclamations continues, demande le déplacement immédiat du Dr. Desgranges, officier de santé, en raison de son incapacité. Il observe que, depuis son arrivé dans l'île, ce praticien n'a jamais su gagner la confiance de la population, les malades se trouvant dans l'obligation d'aller se faire soigner à Saint-Martin ou à Saint-Christophe, que les indigents n'osent s'adresser à lui bien qu'il recouvre pour les soigner cent vingt-cinq francs par mois, que dans ces conditions sa présence est parfaitement inutile. Ce n'est qu'en 1911 que le budget communal commence à augmenter. Il passe à 24 124 francs. Depuis plus de trente ans il oscillait entre 18 000 et 20 000 francs. Les prix augmentaient et en France ceux de 1910 n'étaient pas tout à fait les mêmes que ceux de 1875. Soixante ans après 1910, par combien faut-il multiplier ? Mais cela est une question assez en dehors de notre sujet (pas tellement pourtant, car elle a eu effet sur l'économie de l'île). Mais déjà depuis quelque temps, contre M. Sourd et son conseil municipal, une opposition se faisait jour, qui devint de plus en plus vive.

Ce n'est toutefois qu'en 1912 que l'hostilité se concrétise. Dès le début de 1913, l'opposition passe à l'action. Isidore Ledée, instituteur

Une rue dans Gustavia

SAINT-BARTH SOCIETY OF SWEDEN

à l'école de garçons de Gustavia, entre en conflit ouvert avec le maire et sa municipalité. M. Sourd demande à l'administration le déplacement de cet instituteur, ainsi que celui de Arthur Deravin, originaire également de l'île, juge de paix qui, pendant vingt et un ans, avait été greffier notaire, celui-ci d'ailleurs en procès avec le maire. Ces heurts tapageurs, accompagnés peut-être de quelques maladresses, et une existence difficile pour la population, avaient bien compromis dans les derniers temps le prestige du maire, qui devait surtout son influence du début à son beau-père, M. Duchatellard.

Sa liste est battue aux élections municipales du 26 octobre 1913. Des élections antérieures avaient eu lieu, mais le gouverneur de la Guadeloupe, M. Merwart, les avait annulées en raison de leur irrégularité. Le nouveau maire, Tertulien Deravin, était le fils d'Arthur Deravin, qui certainement n'était pas resté muet lors de cette campagne électorale. Pour le secrétaire de mairie, M. Leroy, ce changement de notabilités devait être profondément désagréable, et il est assez pittoresque de constater les traces de ce mécontentement dans les archives. C'est le nouveau maire qui y écrivit lui-même la relation de son allocution, puis le compte-rendu de la séance. M. Leroy avait commencé, puis il raya une ligne, refusant de continuer, et n'apparaîtra de nouveau que douze ans plus tard, en 1925, date à laquelle il fût élu maire, mais sans se présenter en vengeur de M. Sourd, plus qu'oublié. Deux mois après son élection, M. Deravin en accord avec son conseil contracte un emprunt de 7 500 francs pour la construction d'une école.

CHAPÎTRE 6

Le Temps des guerres 1914 - 1945

Après un siècle de paix aussi relative qu'incertaine, l'Europe de nouveau était en feu. Cette fois le brasier devait s'étendre jusqu'aux extrémités du monde. En août 1914, la nouvelle de l'état de guerre entre la France et l'Allemagne fut apportée par un *sloop* anglais venant de Saint-Christophe. Cette île était reliée par câble sous-marin à l'Angleterre. Saint-Barthélemy pas plus que Saint-Martin ne possédaient de relations directes de ce genre. Cette inquiétante nouvelle sera confirmée par le gouverneur de la Guadeloupe peu après. A l'annonce de ce conflit, dont il est inutile de rappeler la tragédie sanglante, beaucoup de Saint-Barths se portèrent volontaires. Le service militaire obligatoire ne fût instauré en Guadeloupe qu'en 1912, par là même à Saint-Barthélemy. Il ne deviendra toutefois effectif qu'en 1939.

Le premier convoi de troupes des Antilles françaises partit vers la métropole en mai 1915. En 1917, certains Saint-Barths, en général résidents à Saint-Thomas, s'engagèrent dans l'armée américaine. Pendant toute la durée de cette guerre, qui n'améliorait pas l'existence de la partie de la population la moins aisée, l'économie de l'île s'efforça de surnager. En 1916, un terrain est acheté au quartier de Corossol pour la construction d'une citerne communale devant alimenter ce quartier en cas de disette d'eau. Le coût sera de 3 600 francs. Pour l'époque le prix paraît plus que fortement élevé. Cette même année, le gouverneur de la Guadeloupe fait demander par ses services administratifs à la commune de Saint-Barthélemy, de construire une école préparatoire à Gustavia, celle-ci s'effectuât, situation regrettable, dans l'ancienne prison municipale.

Plus de cinquante ans plus tard, il en est toujours ainsi. Le conseil municipal, qui a déjà fait un effort considérable, vu la modicité de ses ressources pour ses cours élémentaires dans l'ensemble et autres, répond que - tout en considérant le bien fondé de cette demande - la commune avait déjà dépensé 65 000 francs de loyer pour ses écoles et qu'en conséquence elle avait jugé sage et nécessaire de faire quelques économies dans ce domaine en raison de la pauvreté de son budget. Le conseil propose de faire les transformations et aménagements nécessaires. L'entretien des écoles s'élevait alors à 2 522 francs par an soit 10 % du budget. Au cours de cette période, une citerne est également construite au quartier de Flamands. Les crédits votés pour cette réalisation s'élèveront à 2 500 francs.

Il semble que pendant toute la durée des hostilités, les séances au conseil municipal aient été plus calmes, moins passionnées que dans les derniers temps précédant la guerre, en raison peut-être de "l'Union Sacrée". Peut-être aussi de la personnalité du maire.

Ce n'est que vers la fin de novembre 1918, que la goélette *Inèse* apporte, avec quatorze jours de retard, la nouvelle de l'armistice et de la victoire de la France. Cette communication, bien que tardive, suscita dans l'île un enthousiasme délirant. Le porteur de cette heureuse nouvelle fût plus qu'acclamé. Bals, défilés, marquèrent la joie populaire. Les boutiques de tous genres, cela va sans dire, eurent une clientèle nombreuse. Il se consomma force punchs, tout cela malgré les difficultés du temps, les angoisses de bien des familles et le peu de ressources des habitants de l'île. Les promesses du gouverneur Couturier en 1878 semblaient avoir été totalement oubliées quant à la prospérité de l'île par l'administration de tutelle. Elles le seront encore plusieurs décades. Quelques mois plus tard, Saint-Barthélemy accueillait dans la joie ses combattants de retour au nombre d'une soixantaine. D'autres hélas, étaient restés sur les champs de bataille.

Monument de la première guerre mondiale

Parmi ceux qui revinrent se trouvait M. René Télémaque, frère de M. C. Télémaque, président actuel des Anciens combattants de l'île. M. René Télémaque revenait sergent, avec la médaille militaire et la croix de guerre avec cinq palmes.

C'est au cours de la première guerre mondiale que les îles vierges danoises Saint-Thomas, Saint-John et Saint-Croix sont cédées aux Etats-Unis par le Danemark en 1917, au cours de tractations qui ont une forte odeur d'ultimatum. Exaspérés par la piraterie sous-marine allemande, les U.S.A. avaient l'année précédente, déclaré la guerre à l'Allemagne. Les pays neutres eux non plus n'étaient guère à l'abri. Le Danemark étant neutre, quelques navires allemands avaient eu la regrettable idée de s'abriter dans les îles vierges, possession danoises, en cas de nécessité. L'*Oncle Sam* n'appréciait pas ce vilain procédé de se garer quand les choses allaient mal, puis de sortir, la bourrasque passée, pour envoyer par le fond les bateaux du voisin avec qui on était fâché. Washington le fit savoir à Copenhague avec méchante humeur. Le Danemark étant neutre, appliquait strictement les conventions internationales dans ce domaine et le déclara nettement. Les Etats-Unis tournèrent la difficulté. Cette semi-base de corsaires modernes devant leur porte leur était particulièrement déplaisante et fort gênante. Ils obtinrent la cession des îles vierges danoises, sans trop lésiner sur l'indemnité. Quand les choses sont dites avec précision on obtient beaucoup dans le fracas des coups de canon, surtout si le collègue à côté veut éviter à tout prix chez lui, ce tumulte désagréable. L'autre partie des îles vierges étant possession britannique, alliée de l'Amérique, aucun problème.

En 1919, lors de la signature du traité de Versailles, les U.S.A. appuyèrent de toutes leurs forces et même la suggérèrent, la restitution au Danemark de la partie de la province du Schleswig-Holstein par l'Allemagne. Cette région avait été enlevée par la Prusse au petit royaume du nord lors de la guerre des duchés en 1864. Une sage compréhension en vaut une autre et peut donner droit à quelques compensations, surtout quand celles-ci ne coûtent rien au donneur. A la suite de la cession aux Etats-Unis des îles vierges danoises, et après la première guerre mondiale, l'émigration des travailleurs de Saint-Barthélemy se précise et s'accentue. Jusqu'alors, vers Saint-Thomas, elle demeurait assez limitée. Elle s'effectuait vers la Guadeloupe mais dans des limites peu importantes, plus faibles encore vers Curaçao et Saint-Christophe.

En 1968, la population originaire de Saint-Barthélemy résidant dans les îles vierges américaines et aux U.S.A. pouvait être estimée à environ trois mille, en comprenant bien sûr, ceux devenus citoyens américains et leurs familles, les enfants qui y étaient nés. A Saint-Thomas, *French Town* est un vrai petit bourg Saint-Barth avec son église et ses habitudes. Sans cette possibilité d'émigration, la population de Saint-Barthélemy aurait plus ou moins risqué d'étouffer dans des conditions d'existence difficiles sur un sol assez aride. Il faut noter que la main d'œuvre originaire de l'île est en général très appréciée dans les territoires américains, ce qui a favorisé cette émigration envers le pays qui les avait reçu. Certains de ses membres sont d'ailleurs parvenus à des situations très enviables.

Le 24 décembre 1919, M. Deravin songeait à se retirer en Guadeloupe et des nouvelles élections ayant eu lieu. M. Théodore Ledée est élu maire. Six mois plus tard, le 3 juin 1920, la question de l'école du Colombier revient sur le tapis. Il est signalé que l'éloignement des quartiers, le mauvais état des chemins, a pour effet déplorable une baisse constante de la fréquentation scolaire. L'année suivante les bâtiments communaux sont à la veille de tomber en ruines. Il est fréquemment demandé des crédits pour leur réfection, ces fonds plus ou moins importants sont réclamés avec de plus en plus d'insistance, en particulier pour l'ancien hôpital en instance de réparations depuis plus de quarante ans. L'église de Lorient, etc.

Sur ces entrefaites, et à la suite d'interventions amies en Guadeloupe, M. Alcide Terrac, conseiller général de l'île et conseiller municipal, est décoré de la Légion d'Honneur. Malgré une modestie apparente, sa satisfaction est visible. M. Terrac était originaire de la Guadeloupe. métis de belle stature, il était l'ami du député Gerville-Reache. Comme tout homme politique ou souhaitant le devenir, il avait dans ce domaine ses amitiés et ses inimitiés. Sous des apparences courtoises, ces dernières s'efforcent toujours de vous mettre en miettes. Toutefois en

L'Ecole élémentaire

vingt ans et sans être particulièrement débordante, son activité ne fût pas totalement négative. Il obtint en particulier, grâce à l'appui de M. Gerville-Reache, la construction de la citerne communale de Lorient et également quelques fonds du conseil général pour quelques travaux urgents.

Le 12 décembre 1921, au cours d'une réunion du conseil municipal, la question de l'école du Colombier fait de nouveau surface. Le maire fait savoir que la construction de cet établissement doit être réalisée en 1922. Depuis 1902, les projets de cette institution qui sommeillaient dans les cartons allaient peut-être voir le jour. Cette fois plus sûre d'elle-même, la municipalité achète le 4 février 1922 à M. Jean-François Magras un terrain de douze acres pour la somme de quatre cent francs, afin de pouvoir bâtir cette école. Il est question d'un mandat de trente mille francs, quote-part de l'administration pour ce bâtiment. Après vingt ans d'attente, d'un seul coup on trouvait des sous. Finalement cette école commence à fonctionner en mai 1924. Les choses brusquement allaient vite. Que s'était-il passé ?

LE PÈRE DE BRUYN

En octobre 1918, âgé de vingt-neuf ans, le R. P. de Bruyn, de l'Ordre des Dominicains, était nommé curé de Gustavia. Les études solides qu'il avait faites, son activité débordante, son talent, sa classe comme l'on dirait de nos jours, des relations élevées, tout semblait le désigner à un poste beaucoup plus important. Il ne s'en plaignit pas. Comme il existe des soldats de la Patrie, il existe aussi des soldats de la Foi. Le R. P. de Bruyn était né à Nimègue, en Hollande, le 12 septembre 1889. Il fût ordonné prêtre le 15 avril 1916. Hollandais de naissance, il fit de Saint-Barthélemy sa seconde patrie, mais la première par son dévouement aux Saint-Barths, car il aima immédiatement ses paroissiens. Il n'avait pas tardé à s'apercevoir que les enfants du Colombier et des environs, d'autres quartiers aussi, manquaient souvent les offices. Les raisons : sentiers à l'état des ravines, distances, etc. Sa première pensée, son premier objectif : la construction d'une chapelle au Colombier et d'une école, cette dernière en projet depuis vingt ans. Première difficulté : l'argent. Sans se laisser décourager par ce premier obstacle, le Père met en mouvement ses amis, ses relations de Hollande, d'Amérique, de partout. Les fonds ne tardent pas trop à arriver. Chacun à Saint-Barthélemy aida à construire l'église, certains par des dons en argent, d'autres donnant leur travail, d'autres apportant des pierres ou de la chaux (obtenue en brûlant du corail). Les travaux commencèrent le 30 août 1921 et la première messe fut célébrée la veille de Noël de cette même année. L'église fut alors appelée Santa Maria, mais son nom fut changé en Saint-Marie lorsque commença l'usage de la langue locale au lieu du latin.

La construction de l'école Saint-Marie commença en 1921 et fut

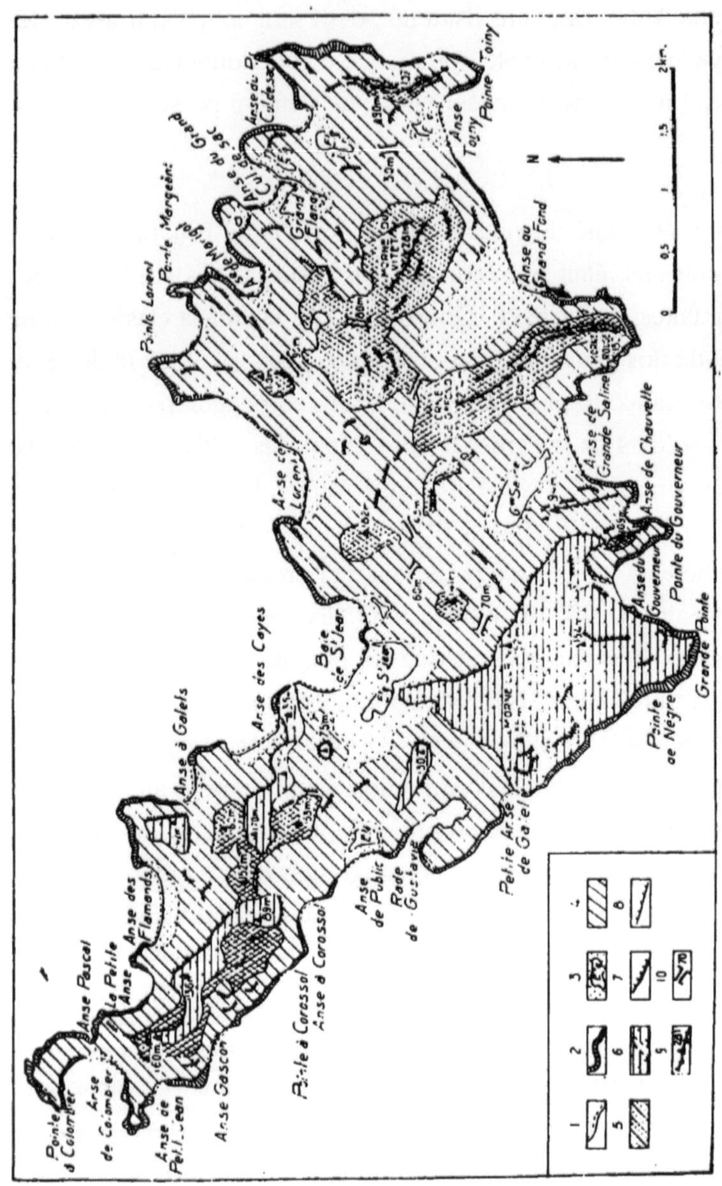

Légende : 1. Côtes basses et sablonneuses. – 2. Côtes rocheuses. – 3. Principales plaines et « étangs ». – 4. Régions de collines. – 5. Principaux massifs. – 6. Plateaux calcaires et vallées sèches. – 7. Principaux escarpements rocheux. – 8. Contact morphologique à faible escarpement entre le calcaire et les roches volcaniques. – 9. Principales lignes de crête et principaux sommets. – 10. Principaux cols.

Croquis morphologique de Saint-Barthélemy

achevée en 1924, mais son ouverture différée. Le gouvernement de la Guadeloupe, après des décades de retard, avait finalement construit une école publique au Colombier et n'était pas sur de vouloir une école confessionnelle dans le voisinage. Le Père de Bruyn cependant réussit en faisant agréer par la France la nouvelle école. Elle fut inaugurée le 1er mars 1926. Un maître de l'école publique, mademoiselle Henriette Malespine, fut si frappée par cette nouvelle école Saint-Marie qu'elle démissionna de son poste de fonctionnaire mieux rémunéré pour enseigner à l'école confessionnelle, ce qu'elle fit de 1926 à 1952. C'était une personne pleine de dignité, même sévère, menant une vie irréprochable, dévouée à l'éducation de ses élèves et de maints adultes aussi bien que de plus vieux. Beaucoup de personnes vivant encore à Saint-Barthélemy doivent leur éducation à cette femme entreprenante. Elle se révéla comme une très précieuse assistante pour le Père de Bruyn. Elle avait plus de 80 ans quand elle mourut. Après sa première messe au bourg, le Père de Bruyn montait à cheval et allait célébrer la seconde au Colombier. Il y ajoutera par la suite une vaste citerne afin d'alimenter autant que possible le quartier en eau.

Voyant les conséquences de sa carence, l'administration redoutant un discrédit total, se hâte de réparer ses retards. En 1924, l'ancien hôpital communal se dégrade de plus en plus, il tombe réellement en poussière. Il se trouvait sous le fort Gustav à l'endroit où de nos jours est située la centrale électrique. Les portes manquent, les fenêtres sont presque inexistantes ou brisées. Ce bâtiment est devenu un refuge de malfaiteurs de passage, servant la nuit d'asile à des gens pour le moins douteux. Le maire qui le constate, déclare à son conseil municipal que cette situation abominable est intolérable et souhaite des mesures rapides pour y remédier. Les 27 et 28 août de cette même année, un cyclone, qui fût surtout pour Saint-Barthélemy un déluge de trombes d'eau, cause de gros dégâts. Un mois plus tard, le maire s'indigne de ce qu'il n'a aucune nouvelle de Guadeloupe. Se joignant à lui, le conseil municipal proteste auprès du gouverneur. "*Si le "Verdun" a vraiment disparu, notre isolement sera complet. Nous ne recevons aucun secours, sauf de quelques îles voisines également éprouvées.*" Le *Verdun* avait effectivement sombré à Nièves, au cours de la tempête, avec plusieurs marins de Saint-Barthélemy.

Le 11 mars 1925, après de nouvelles élections, M. Adolphe Leroy est élu maire, il prendra ses fonctions le 17 mai suivant. En vertu de ces élections M. Terrac, qui avait misé sur le mauvais tableau, perdait son mandat de conseiller municipal. Il devait perdre peu après celui de conseiller général. M. Leroy, qui ne devait guère l'aimer, lui réservait une autre humiliation. L'école laïque du Colombier portait le nom Ecole Alcide Terrac. Le premier soin du nouveau maire fût de demander au conseil municipal de changer cette appellation. L'ex-conseiller général n'ayant fait pour cet établissement aucun don personnel, de plus son activité pour la construction de cet immeuble scolaire de grande utilité avait duré plus de vingt ans, preuve péremptoire qu'elle avait été, et de très loin, moins que débordante malgré ses déclarations. Le nouveau maire demande donc que cette école s'appelle tout simplement École du Colombier. Ce qui est accepté. Après toutes ces déconvenues, M. Terrac n'insista pas. Il demeura définitivement en Guadeloupe, sa petite patrie d'origine où comme tant d'autres, son nom sombra dans l'oubli. A Saint-Barthélemy, complètement désabusé, il ne revint jamais. M. Leroy demeura peu de temps à la tête de la municipalité car il devait décéder en 1928 et par là même, l'administration communale passe à son premier adjoint, M. Eugène Magras. Quelques mois plus tard, ce dernier sera élu maire le 13 avril 1927. Son administration fut également de bien courte durée. Malade, il se retire des affaires publiques en 1929 et décède peu après.

Assez à l'écart de ces changements et de ces dissensions, le Père de Bruyn poursuivait son activité dans tous les domaines. Voyant que la population fournissait aux îles étrangères la paille de latanier destinée à confectionner les chapeaux appelés *Panama*, il songea qu'il serait

Vue du port de Gustavia

beaucoup plus profitable pour elle de les fabriquer sur place et de les exporter. Les ressources des habitants de l'île en seraient accrues. Mais pour réaliser ce dessein il fallait un professeur ayant l'expérience de ce travail et les qualités nécessaires, or l'île n'en possédait pas. Le Père fit alors venir de Saint-Martin une jeune fille diplômée qui initia ce métier aux dames et jeunes filles du pays. A l'heure actuelle, les chapeaux de Saint-Barthélemy ont volé d'îles en îles jusqu'en France et aux Etats-Unis. Après un séjour en Hollande où il se procure de nouvelles ressources, revenant dit-il lui-même avec beaucoup d'argent, il décide de doter le quartier de Lorient d'une école libre stable. Cela ne va pas sans d'énormes difficultés administratives. Les autorités de Guadeloupe devaient encore avoir sur la poitrine la construction de celle du Colombier, qu'il agrandit d'ailleurs en 1930 - 1931, de même que la chapelle. Il y construit une seconde citerne. Plusieurs malades étant décédés faute de soins urgents, de surveillance attentive dans un établissement plus que délabré qui n'avait d'hôpital que le nom. Il décide la création à Gustavia d'un petit hôpital. Il obtient, pour

Une autre vue du port

cette réalisation, un terrain bien situé face à la mer, très légèrement à l'écart du bourg. Son confrère de Lorient, fils d'architecte, en dresse les plans. Pour cette construction, il lui faut de nouvelles ressources. Inlassable, il requiert, une fois de plus, des fonds auprès de ses amitiés, de ses relations qui certainement devaient être puissantes. Il y parvient. En 1934, tout est terminé. Le nouvel établissement comprenait six chambres pour malades. Le docteur résident qui fût pendant de longues années le Dr. Vialenc et les sœurs de Saint-Paul de Chartres en assumaient la responsabilité.[1]

L'année suivante le R. P. de Bruyn, était nommé au vicariat de Curaçao. C'était là une promotion flatteuse certes, mais qu'il ne souhaitait guère. Il s'inclina, quittant sa paroisse avec regret, allant où ses supérieurs estimaient sa présence nécessaire. Il devait s'éteindre jeune

[1]Note de l'editeur : Finalement des infirmières reprirent le travail des sœurs à l'hôpital.

encore, à l'âge de cinquante-quatre ans, en l'année 1943, mais épuisé par l'activité débordante dont il avait fait preuve à Saint-Barthélemy. Sans avoir été un administrateur à titre officiel, par ses réalisations qui sans lui n'eussent jamais peut-être vu le jour, il le fût de fait à titre privé, et doit être mis en bonne place à côté des Descoudrelles, Ankareim et Nordeling qui se révélèrent administrateurs et gouverneurs de premier ordre.

Notons au titre de la petite histoire que Henri Charrière, dans son ouvrage *Papillon,* cite le Père de Bruyn. Lors d'une de ses multiples tentatives d'évasion, escalant à Curaçao, il rend hommage à l'humanité à la compréhension de l'évêque de Curaçao, Monseigneur de Bruyn. Toutefois, le Père n'était pas évêque de l'île mais seulement le supérieur général des dominicains, dignité presque équivalente avec des charges apostoliques plus lourdes, d'où sans doute légère confusion. Dans son livre, Charrière a plus ou moins, et fort souvent, camouflé les noms de ses personnages, mais pas celui-là, clair comme un miroir, le Père de Bruyn n'avait pas besoin de rideaux.

Les réalisations de ce prêtre dominicain étaient d'une grande aide pour les municipalités successives, qui se débattaient tant bien que mal devant des coffres, la plupart du temps presque desséchés. Pour bien faire, il eut été nécessaire d'engager de fortes dépenses mais pour cela il fallait la certitude ou tout au moins l'espoir de rentrées équivalentes, et ce n'était pas le cas. En effet, depuis des années, Saint-Barthélemy a une économie assez stagnante et elle le sera des années encore. Ses principales ressources sont l'exportation des chapeaux de paille, de sel, de poissons salés, de cabris, de volailles, le transit des bovins, l'exportation du rhum en provenance de Guadeloupe vers les îles étrangères, etc. Tout cet ensemble qui permet à l'île de végéter ne constitue guère une richesse économique. L'île vit assez repliée sur elle-même, malgré un certain nombre de *sloops*, de goélettes qui s'efforcent d'élargir ses horizons pour lui éviter l'asphyxie.

LA SECONDE GUERRE MONDIALE

Depuis 1925, date du retrait de M. Théodore Ledée, le changement des maires était devenu fréquent, que ce soit pour raison de santé ou par décès. En 1929, après le départ de M. Eugène Magras, M. Ruben Deravin est élu. Mais lui-même, déjà un peu âgé, comme ses prédécesseurs, ne pourra effectuer de grande réalisation mais tout simplement les réparations urgentes, aidant parfois de ses propres deniers. En raison, peut-être de cette indigence, le Père Léon Van Dyck, prend sur lui de construire la grande citerne de Lorient. Il avait succédé au Père Jean Burgemeester, nommé à Gustavia. Ce dernier desservira tour à tour les deux paroisses jusqu'en 1946.

Cette lignée de prêtres dominicains de 1912 à 1946 fût profondément bénéfique pour Saint-Barthélemy. Réalisateurs et constructeurs, ils n'hésitèrent jamais, malgré les difficultés que cela pouvait créer et, dans l'intérêt de tous, à se substituer à une administration parfois débordée ou défaillante. Il est juste aussi de reconnaître les mérites de ceux qui les avaient précédés et avaient auparavant entrepris la

Le cimetière suédois

construction d'établissements scolaires, la rénovation d'églises, et d'ateliers artisanaux. Pendant une période de peu d'années, M. Ruben Deravin sera remplacé à la tête de la municipalité par le Dr. Stephan Tara. Il le remplacera de nouveau comme maire jusqu'en 1941, date de son décès.

Cependant, dès 1938, les nuages noirs s'accumulaient sur l'Europe, accompagnés du vol de corbeaux gloutons, et le 5 septembre 1939, la guerre éclatait entre la France, alliée de l'Angleterre, et l'Allemagne qui avait envahi la Pologne. Chacun pensait que ce conflit serait court, chaque pays pour des raisons différentes. Il devait durer six ans et embraser l'univers. Si les hommes d'état avaient pu mesurer la profondeur du gouffre où ils allaient se précipiter, eux et leurs nations, tous auraient fait marche arrière en suant, d'angoisse, des sueurs de sang. Après la défaite de la France et l'armistice de 1940, Saint-Barthélemy commence à connaître de sérieuses difficultés économiques qui ne feront que s'accentuer. Les Antilles françaises sont coupées de leur métropole dont elles ne connaissent guère la situation. Une censure sévère contrôle et pratiquement bloque tout courrier. Un malaise général se fait jour. Chacun cherche sa vérité sans toujours la trouver. Le fils du gouverneur de la Martinique rejoindra les Forces françaises libres avec la propre vedette administrative de son père. Le gouverneur de la Guadeloupe, M. Sorin, restera fidèle au maréchal Pétain, jusqu'au ralliement des Antilles françaises au Général De Gaulle en juillet 1943. Par la suite il prendra part au débarquement en Provence. Il ne faut donc pas s'étonner si en raison des circonstances, la municipalité de Saint-Barthélemy est bien ballotée. A la mort de M. Ruben Deravin (1941), elle le sera plus encore. M. Clément Ledée prend alors la direction de la mairie. Il est remplacé en 1942 par son fils Jean Ledée. Mais, en 1943, il repasse la direction à son père. Durant toute cette période, les archives municipales manquent pour le moins de clarté. Les signatures s'enchevêtrent il est difficile de savoir exactement qui était le maire et qui ne l'était pas. En 1944, une délégation

Une habitante de Saint-Barth

nommée par le gouverneur de la Guadeloupe prend en charge l'administration de l'île. Elle a à sa tête M. Rosey, qui, la tourmente passée, sera élu maire en 1945. Ce manque de stabilité ne pouvait que nuire à la vie déjà bien difficile de la population de l'île. Si l'on ajoute que des administrateurs souvent capables d'ailleurs, tel M. Texiée nommés par les autorités guadeloupéennes, coiffaient en quelque sorte l'autorité du conseil municipal, on jugera de la situation. Malgré cette confusion, l'essentiel était d'assurer un minimum de ravitaillement à la population.

Dès 1943, ce problème déjà crucial, prend un aspect tragique. Les voiliers se dirigent de plus en plus vers Saint-Christophe, Saint-

Thomas, Porto Rico, Trinidad, etc. En dehors de leur production de sucre et de rhum, les Antilles françaises, Martinique et Guadeloupe étaient aussi mal loties que Saint-Barthélemy. Saint-Christophe ne laissait sortir de chez elle ses sacs de farine en provenance du Canada, qu'au compte-goutte et cela, sans la moindre hostilité. Cette restriction n'était due qu'à l'irrégularité des livraisons souvent restreintes, qui parfois même n'arrivaient pas. Saint-Thomas n'était pas avare de cigarettes américaines, d'autres denrées étaient plus restreintes mais l'indispensable était quand même autorisé. Pris dans le même cercle infernal, les îles antillaises qui s'enchevêtrent les unes aux autres avaient à résoudre le même problème : survivre. Les unes en échangeant des patates, ignames qu'elles avaient en surplus contre des souliers ou autres choses dont ils ne possédaient que le souvenir. Il est juste de reconnaître que tous les gouverneurs et administrateurs se comprenaient, s'entre-aidaient sans toujours le crier très fort.

Grâce à ses goélettes, ses *sloops*, ses vedettes, ces dernières construites au quartier de la Pointe à Gustavia par M. Rémy de Haenen, l'île pût passer cette sorte de cap des tempêtes assez étranglé certes, mais sans asphyxie totale. Rhum, cigarettes américaines, sucre et sel pouvaient servir de troc suivant les besoins des îles avoisinantes car la monnaie antillaise française était bien peu estimée. On en revenait au temps préhistorique. Pendant cette époque cruciale, Saint-Barthélemy dut beaucoup aux Saint-Barths établis à Saint-Thomas, dont certains naturalisés américains servaient dans l'armée des U.S.A. depuis l'entrée en guerre de ce pays en décembre 1941. Ils purent venir en aide au maximum à leurs compatriotes et familles. Grâce à eux, bien des barrières purent s'entrouvrir. Les pires périodes ont cependant une fin et le 8 mai 1945, le canon cessait de tonner sur l'Europe, mais ce continent se trouvait dans un état effroyable. Il fallut dix ans pour qu'il puisse retrouver un semblant d'équilibre. Saint-Barthélemy pouvait commencer à respirer, à sortir des restrictions et des contraintes de tous genres. Cela, bien sûr, ne se fit pas du jour au lendemain.

CHAPÎTRE 7

L'Après-guerre et la période contemporaine 1946 - 1978

La seconde guerre mondiale, par le fait des circonstances, a contraint Saint-Barthélemy à élargir son horizon. Dès la fin des hostilités, celui-ci sera moins bouché, plus vaste. Les relations maritimes s'étendent de plus en plus. Au-delà de Saint-Thomas, vers Saint-Croix, Porto Rico, dans le sud, en direction de Barbade, Trinidad, voire le Venezuela, les Guyanes. Elles existaient certes auparavant, mais de façon peu fréquente, irrégulière, disons accidentelle. L'évolution économique de plusieurs îles voisines, celle particulièrement rapide de Saint-Thomas, accélère à Saint-Barthélemy une volonté de rénovation et de progrès, un désir de changement, de mettre fin aux routines. Elle se manifeste dans le domaine politique par l'élection comme maire en 1947 de M. Alexandre Magras, et par celle, la même année, de M. Rémy de Haenen comme conseiller général. En effet, le nouveau maire comme le nouveau conseiller général avaient placé en tête de leur programme, l'expansion commerciale de l'île, une progression économique et sociale constante afin de permettre de sortir Saint-Barthélemy de la stagnation où elle végétait depuis presque un siècle. Subissant moins d'entraves, l'émigration vers Saint-Thomas devient de plus en plus forte, qu'elle soit passagère ou définitive, tout en ayant tendance à se stabiliser ainsi que celle vers les Etats-Unis, alors que celle vers la Guadeloupe, Saint-Christophe, Curaçao tombe pratiquement à rien.

En septembre 1945, M. Rémy De Haenen avait atterri dans la

L'aéroport

plaine de Saint-Jean avec un petit avion à deux places. Ce sera pour Saint-Barthélemy, le début d'une ère nouvelle, celle de l'aviation. M. De Haenen ayant décidé d'établir sa base d'aviation à Tintamarre[1]. D'autres avions suivirent, et ce sera pour ce petit ilot de Saint-Martin, l'âge d'or avec sa petite colonie d'une vingtaine de personnes.

[1] Note de l'éditeur : Tintamarre est une petite île inhabitée à l'histoire intéressante. Elle est située à environ trois kilomètres de Saint-Martin.

Tintamarre n'avait jamais connu pareille activité. Mais par suite d'une série d'accidents, l'îlot fut abandonné et laissé comme par le passé aux cabris, aux raquettes et aux crocs à chiens. Les derniers vestiges de la base furent rasés par les cyclones de 1956 et 1960. Mais l'élan était donné, et vingt ans plus tard, Saint-Barthélemy ne saurait pas plus se passer d'avions que les jeunes garçons de l'île ne sauraient se passer de bicyclettes ou de mobylettes.

Fin 1969, les deux sociétés Air Caraïbes et Windward Islands Airways possédaient six avions dont deux de vingt places ; Haenen Aviation un. Ces tous derniers temps, Air Guadeloupe, petite filiale d'Air France, a également pris position à Saint-Barthélemy. Les avions de Saint-Barthélemy étendent sans cesse leur rayon d'action : Saint-Thomas, Saint-Croix, Porto Rico, Saba, Saint-Eustache, Saint-Christophe, la Guadeloupe, occasionnellement plus loin encore, transportant chaque année des milliers de passagers et des tonnes de marchandises diverses. La piste de Saint-Jean atteint six cent quarante six mètres. Pourtant, le chiffre de la population à Saint-Barthélemy demeure depuis un siècle très stable, cela en raison de l'émigration extérieure, sinon elle serait en augmentation constante. Le recensement de novembre 1967 donne 2 517 habitants.

Les principales agglomérations sont :

Gustavia :	398 habitants
Corossol :	290 habitants
Flamands :	262 habitants
Lorient :	238 habitants

Le chiffre de la population de Gustavia peut paraître faible, la raison en est que la plupart des commerçants bien qu'y ayant leur commerce réside ainsi que leurs familles et beaucoup de leurs employés dans différents quartiers de l'île. Toutefois elle a tendance à augmenter et si au siècle dernier, il était surtout question de démolitions, de nos jours il s'agit surtout de constructions qui s'élèvent peu à peu et pourront avec le temps redonner à Gustavia, l'aspect d'un petit bourg.

Saint-Barthélemy devient plus connu de l'extérieur grâce à la création de son petit port, avec son quai d'accostage. Le mouvement maritime est en nette progression. En 1968, il était de quatre cent vingt-neuf navires de commerce entrés et de deux cents cinquante-trois yachts de nationalités diverses, ce qui représente un total d'entrées de six cent quatre-vingt-deux bateaux de tous genres. Le tourisme devient donc un facteur économique non négligeable, mais le nombre restreint d'hôtels semble néanmoins le freiner.

M. Alexandre Magras, après quinze ans de mandat quitte la mairie en 1962, date à laquelle, à la suite de dissensions avec M. Rémy de Haenen, il se retire avec une partie du conseil municipal. De nouvelles élections ayant eu lieu, M. de Haenen, qui peu à peu s'était dissocié de l'ancien maire, est élu. Cette rivalité ne semble avoir été profitable pour personne. Pour l'année 1968, le nombre des véhicules immatriculés était de quatre cent cinquante environ dont une centaine peu à peu retirés de la circulation. Le chiffre de ceux roulant est donc approximativement de trois cent cinquante, soit une moyenne de un pour sept habitant, chiffre assez fort en considération de la quarantaine de kilomètres bétonnés en circuit routier. La création d'une centrale électrique, il y a quelques années et qui a toujours fonctionné sans défaillance (chose rare aux Antilles) sous la direction de M, Danet, ingénieur originaire de l'île, a grandement contribué au développement économique du pays avec ses cinq cents abonnés (chiffre approximatif). Le service des postes a également pris une importance croissante. Le nombre de ses abonnés téléphoniques est également assez élevé, dans les cent soixante, soit près de un pour quatre foyers. Malgré le nombre des colis postaux, l'importance du courrier, la distribution en est rapide et sans heurt. M. Adrien Greaux, receveur des P.T.T., ne peut que s'en réjouir et toute l'île avec lui.

Nous ne saurions passer sous silence, dans un bilan que nous souhaitons aussi complet que possible, la création récente de l'Ecole Artisanale du Colombier, due à l'initiative privée en particulier à celle du Père Dugon de l'ordre du Saint-Esprit et qui fût plusieurs années curé de Gustavia, et dont le Père Bellec poursuit l'œuvre, malgré des difficultés de tous genres, avec une tenace persévérance. Il ne semble pas cependant que cette création fort utile ait joui d'une bienveillance particulière de la part de l'administration communale, ce qui peut paraître pour le moins regrettable. Dans les différents établissements de l'île, le nombre des écoliers est de plus en plus considérable et par là même les locaux de plus en plus insuffisants. Il est bien question depuis des années d'un groupe scolaire à Gustavia, mais il semble encore à l'état projet. Son financement toutefois étant parait-il assuré, il devrait pouvoir se réaliser dans un avenir pas trop lointain.

Le total, pour Saint-Barthélemy, des écoliers fréquentant les établissements scolaires est de :

Gustavia - Ecole primaires et secondaires :	150
Lorient - Ecole libre :	153
Colombier - Ecole publique :	100
Colombier - Ecole libre :	150

Toutefois, ces chiffres ne sont certainement pas rigoureusement exacts. Le total est donc d'environ 550.

Dans un autre domaine, notons que les forces de sécurité se composent de trois gendarmes et d'un garde-champêtre et la tranquillité de la population y est dans l'ensemble aussi assurée, même plus, que dans bien des régions ayant, par rapport au pourcentage des habitants, des forces de police beaucoup plus considérables et n'ayant pas le même va et vient d'étrangers de passage.

Dans le cadre de son évolution économique, en dehors de la fabrication des chapeaux de paille, il s'est créé à Saint-Barthélemy un artisanat familial, celui de l'empaillage des bouteilles. En 1966, il a

Le port du Gustavia a l'époque de Georges Bourdin

été exporté vers Saint-Thomas 13 620 caisses de ces bouteilles à raison d'un prix de 1 800 francs (anciens) par caisse. Les droits de quai s'élevant à 50 francs par caisse, le port a perçu 681 000 francs (anciens) dans ce domaine. La pêche procure aussi quelques ressources, de même que le transit des animaux, la saline par l'exploitation du sel, les exportations commerciales diverses, les constructions de nouvelles maisons tant pour les habitants que pour les étrangers. Les Américains en particulier, construisent de plus en plus de résidences de séjour. Leur implantation est relativement importante. Les causes en sont certainement multiples : fuir momentanément la vie trépidante des U.S.A., rechercher l'un des seuls coins des Antilles à prédominance normande et bretonne où les vieilles coutumes françaises se sont maintenues, retrouver le calme, le repos près des plages paisibles pas encore envahies. Tous les étrangers ne peuvent s'offrir des demeures secondaires à l'extérieur, en conséquence, à Saint-Jean en particulier, se sont construits et se construisent encore des bungalows qui sont loués à des prix assez raisonnables aux touristes de passage qui y trouvent tout confort et dispensent ceux qui le désirent de la vie d'hôtel. Le prix des terrains, en conséquence devient de plus en plus élevé même pour des terres jusqu'alors incultes.

Il serait bon puisque les étrangers apprécient Saint-Barthélemy que les Saint-Barths prennent à cœur la sauvegarde de leurs côtes et de leurs plages, aménagent des sites avantageux, plantent arbres et fleurs, bien que dans ce domaine depuis une dizaine d'années, les progrès soient indéniables : hibiscus, bougainvilliers, lauriers, flamboyants, surgissent un peu partout. L'installation toute récente d'une usine de désalinisation à Saint-Jean, peut et doit améliorer sérieusement le ravitaillement en eau potable de l'île surtout en période de sécheresse et résoudre en grande partie ce difficile problème. Toutefois le choix de son emplacement tout au bord des marécages de Saint-Jean ne paraît pas des plus judicieux.

Ce tableau d'ensemble en apparence brillant, ne doit, malgré tout, pas faire illusion. L'économie de l'île reste fragile. Saint-Barthélemy semble manquer de structures de base et elle est complètement tributaire pour son économie de l'extérieur. Que des décrets ou des mesures de l'étranger frappent ses exportations et l'île de nouveau risque l'étranglement. Les notables et les commerçants feraient donc preuve de sagesse en ne se laissant pas emporter en songe sur des chevaux ailés. Le rêve est une chose, la réalité en est une autre.

Par surcroît chacun a tendance à tirer le plus possible de couverture à soi, alors que celle-ci doit couvrir tout le monde. En la tiraillant trop fortement de tous côtés, comme elle n'est pas encore très solide, elle risque de se déchirer et ne couvrira plus personne.

Georges Bourdin

APPENDICE A

ORDONNANCES DE ROSENSTEIN

Ordonnance concernant le traitement du bétail, eu égard à la sécurité des plantations.

Peter Herman von Rosenstein, gouverneur par intérim de l'île de Saint-Barthélemy et de ses dépendances.

Les différentes doléances qui sont en général la conséquence d'agissement de bêtes de toute sorte les discussions s'élevant fréquemment à ce sujet aussi bien que la nécessité de mettre les affaires en ordre rend inutile la fourniture du détail des dommages causés à la culture si des mesures convenables ne sont pas prises pour prévenir de semblables désordres, ce qu'entraine l'insuffisance des lois à cet égard. Aussi tout en n'ayant en vue par cette ordonnance aussi bien que dans les autres que l'intérêt des habitants et dictée par la raison, l'expérience et l'usage des Indes Occidentales, nous nous flattons d'empêcher la destruction si souvent causée par la négligence de ceux qui jusqu'ici n'ont pas pris le soin de garder leur bétail. C'est pourquoi, en vertu des pouvoirs que Sa Majesté s'ait plu à me conférer, nous décrétons, et promulguons ce qui suit :

Article 1. Tous les habitants dont les pâturages bordent les plantations de leur voisin sont tenus de les enclore soit avec des haies épineuses, soit avec de fortes palissades et de les entretenir en condition convenable pour empêcher les bêtes ou le bétail de causer du dommage à leurs voisins, et en cas de faute dans l'entretien de ladite clôture il doit, à la première plainte, y être contraint par la justice et condamné à tous les frais et dommages consécutifs.

Article 2. Au cas où le pâturage du voisin rejoint d'autres, chaque propriétaire est tenu de faire et d'entretenir la moitié de la palissade ou de la clôture qui les sépare ou de prendre en charge la moitié des frais au cas où les dits voisins ont leurs pâturages en commun ; mais que leurs pâturages soient ou aient été en commun entre eux, celui qui pense que son intérêt est d'enclore son pâturage, a toujours le droit de contraindre en justice l'autre à faire de même.

Article 3. Au cas où quelque bétail, mulets ou autres bêtes seraient trouvés sur le terrain de quelque autre habitant que celui auquel ils appartiennent il n'est permis en aucun cas de les tuer, mais de les enlever et de demander 60 livres 10 sous pour chacune des dites bêtes ainsi enlevées, plus 30 sous pour la nourriture de chaque jour, compté à partir du jour où ils ont été pris si le propriétaire de la bête est connu ou non, jusqu'au jour où il est informé du fait ; la personne sur le terrain de laquelle ladite bête a été prise a le droit d'estimer le dommage qu'elle a subi et cela avec deux de ses voisins qui feront mention dans leur estimation, du nombre de bêtes ayant causé le dommage. Le juge devra statuer suivant le droit coutumier.

Article 4. Chaque habitant qui voudra intenter une action en dommages contre son voisin, concernant le dommage qu'il aura subi, devra, dans un délai maximum de 15 Jours, se pourvoir avec le certificat que ses voisins lui auront remis, comportant estimation du dommage, sous peine d'être libéré de cette action ; de telles plaintes pour dommages doivent être revues par le Juge avec toute la célérité possible.

Article 5. Tout habitant trouvant sur ses terres une bête à cornes appartenant à un tiers, douce et facile à attraper est autorisé à la prendre mais pas à la tuer ; il recevra pour avoir ainsi opéré la somme de 6 livres 10 sous en plus de 30 sous par jour pour la nourriture, ainsi qu'il a été dit ci-dessus, sauf l'estimation des dommages des articles 3 et 4.

Article 6. Mais au cas où la bête à cornes serait sauvage ou furieuse et qu'elle ne pourrait être attrapée qu'avec danger, l'habitant qui aura trouvée devra appeler deux témoins blancs qui attesteront par un certificat signé par eux que la bête était sauvage ou furieuse et qu'elle ne pouvait être capturée sans risque. Un tel certificat étant obtenu, la bête pourra être tuée, mais il devra en informer immédiatement le propriétaire s'il le connait pour lui permettre de tirer parti de la viande et de l'enlever après avoir payé les charges mentionnées ci-dessus, ou si le propriétaire est inconnu, il devra vendre la viande à un boucher et en verser le montant au pasteur de la paroisse qui le conservera pendant 15 jours afin de le remettre au propriétaire de la bête au cas où dans ce délai le montant ne ferait pas l'objet d'aucune réclamation, le pasteur le distribuerait aux pauvres.

Article 7. Tous les porcs étant destructeurs et très nuisibles aux cultures ainsi qu'à la salubrité de l'air, ceux qui veulent les élever doivent les enfermer dans un enclos ou dans des endroits d'où ils ne peuvent sortir, mais s'ils parviennent à passer chez leurs voisins, ceux par qui ils sont trouvés sont autorisés à les tuer et à se payer ainsi en compensation du dommage causé, sans restituer quoi que ce soit au propriétaire de l'animal.

Article 8. Tous ceux qui élèvent ou gardent des chèvres sont également tenus à les enfermer avec soin de telle sorte qu'ils ne puissent passer chez leurs voisins.

Article 9. En aucun cas un mouton ne doit être tué, mais celui qui en trouve sera autorisé à recevoir 1 dollar par tête pour les avoir recueillis de même que pour les chèvres, que le propriétaire devra payer avant qu'ils lui soient rendus, ceci pareillement à ce qui concerne le bétail à cornes.

Article 10. Il est de même permis, en cas de dommage subi par quelque culture du fait de pintades, canards ou volailles de toute sorte de les tuer après avoir auparavant averti leur propriétaire.

Article 11. Au cas où un des habitants ayant pris une volaille, son propriétaire l'ignore ou refuse, après avoir désiré la reprendre en payant le prix habituel, il est autorisé à la conserver pendant 15 jours pour lesquels il peut exiger les frais de nourriture selon le barème fixé aux précédents articles, mais après ces 15 jours, il devra le vendre aux enchères publiques et le net produit, après déduction de tous les frais occasionnés par ladite volaille sera remis suivant l'article 6 au pasteur de la paroisse pour être distribué ainsi qu'il est prévu au dit article.

Fait à Gustavia le 30 juin 1787 sous notre sceau et sous la signature du Secrétaire de l'île.

Rosenstein. (L.S.) A. Athman, Secrétaire.

Ordonnance relative au traitement et à la police des nègres et des hommes de couleur.

Nous, Peter Herman von Rosenstein, gouverneur par intérim de l'île de Saint-Barthélemy et de ses dépendances :

L'absolue nécessité d'une police bien réglée, dont le maintien de l'ordre strict et net ne doit pas tendre à faire valoir les droits d'une catégorie de citoyens sur une autre, mais empêche bien des dangereuses conséquences et autorise le gouvernement à donner une protection immédiate à ces infortunés qui sont dans le besoin souvent inévitable d'aller au-delà des limites de la loi. Aussi bien sommes-nous poussés, par tous ces motifs, afin de prévenir les abus d'un pouvoir sans limite et l'autorité de maîtres tyranniques, à édicter l'ordonnance suivante : comme elle contient non seulement tout élément nécessaire au bon ordre et à la sécurité de la grande masse de la communauté, mais qu'elle est absolument et en réalité fondée sur l'indiscutable coutume et l'usage des îles des Indes Occidentales, établies en fait sur une base que l'expérience seule permet de connaître, aussi espérons-nous cette Ordonnance aura l'effet nécessaire.

En vertu de cette autorité qu'il a plu à sa Majesté de nous confier nous décrétons et ordonnons la réglementation et les mesures suivantes :

Article 1. Il est interdit à tous hommes libres, mulâtres, nègres ou de leur espèce, en toute occasion de porter des armes, ni en ville, ni à la campagne mais seulement en service de garde, de se réunir ou de s'assembler sous prétexte de cérémonies nuptiales, fêtes ou danses sans la permission du Commandant de la Place sous peine d'une amende de 300 livres payées par l'instigateur, 100 livres par chacun des participants et 300 livres par le propriétaire du local où s'est tenue la réunion.

Article 2. Il est interdit à tous les mulâtres, nègres ou de leur espèce d'acheter à des gardiens de navire ou à des commerçants de la poudre à fusil ou des balles sans une permission du Commandant ou de celui qui se désigne ultérieurement à cet effet, spécifiant la quantité, et si l'un d'eux est trouvé possesseur de poudre ou de balles sans le dit permis, vendeur et acheteur devront payer 500 livres chacun et, suivant les circonstances, pourront encourir des peines plus sévères.

Article 3. Hommes et femmes de l'espèce susmentionnée recevront un châtiment corporel adapté aux circonstances s'ils ont frappé ou donné un coup à un blanc.

Article 4. Il est interdit à tous, orfèvres et autres, d'acheter à un esclave ou à des esclaves de l'or ou de l'argent, vieux ou neuf, à la casse ou autrement sous peine d'une amende de 500 livres et plus suivant les circonstances. Ils doivent à la première proposition dudit ou desdits esclaves, s'en saisir et les conduire à la prison en ville et à la campagne au Capitaine de la Milice pour le traduire en justice sans délai.

Article 5. Tout mulâtre, nègre ou individu de leur espèce qu'il soit homme ou femme qui héberge ou recèle quel qu'esclave évadé sans un permis de son maître, ou qui recèle des biens volés ou qui, en quelque sorte en aura partagé, devra en être privé ainsi que de sa liberté et sera passé en vente publique au bénéfice du Roi sauf un tiers du produit net de la vente de l'esclave qui sera donné à l'informateur, le coût et les dommages causés par le ou les esclaves fixés à 10 livres par jour chacun.

Article 6. Il n'est pas permis aux nègres, aux hommes de couleur de quelque sorte qu'ils soient, libres ou esclaves de pratiquer la médecine ou la chirurgie ni de faire des préparations pour les malades, ni à la ville, ni à la campagne, ni à la maison, ni à la plantation, sous quelque prétexte, même en cas de morsure de serpent venimeux, sous peine d'une amende de 500 livres pour la première fois s'il s'agit d'une personne libre, pour la deuxième fois d'un châtiment corporel ; quant aux esclaves, ils seront condamnés aux fers et le maître perdra le prix ou la valeur dudit esclave pour ne pas l'en avoir empêché.

Article 7. Toute personne ayant connaissance dans son voisinage ou ailleurs de nègres ou d'autres esclaves agissant au grand jour comme fabricants de poisons ou distributeurs de drogues, doit en faire part au Gouvernement afin que le coupable soit sévèrement puni.

Article 8. Les maîtres d'esclaves, aussi souvent qu'ils pensent que leurs esclaves le méritent, ont le droit de les mettre aux fers ou de les fouetter soit avec des baguettes soit avec des cordes, néanmoins chaque châtiment ne doit pas excéder 29 coups et ne doit pas disloquer un des membres ou les torturer sous peine de confiscation dudit ou desdits esclaves et d'une procédure extraordinaire contre le maître sauf dans les cas où ils sont traduits en Justice et où leurs crimes méritent de plus sévères peines.

Article 9. Tout esclave qui frappe un Blanc ou un homme libre doit subir un châtiment corporel ; s'il s'agit de son maître, de sa maîtresse ou de leurs enfants et qu'il s'ensuive une contusion ou une effusion de sang, il doit être puni de mort.

Article 10. Chaque maître doit nourrir convenablement ses esclaves et donner à chacun deux costumes ou 4 yards de tissu adéquat suivant leur choix, et les traiter avec humanité sous peine d'être traduit en justice.

Article 11. Il est interdit à tous les maîtres d'abandonner leurs esclaves même s'ils sont malades, trop âgés ou infirmes ou de les laisser aller à l'aventure ; si de semblables nègres sont trouvés en dehors de la maison ou de l'Etat de leur maître, ils doivent être amenés dans une certaine place où ils seront gardés et nourris aux frais de leurs maîtres qui devront payer 30 sous par jour jusqu'à ce que lesdits esclaves soient rachetés ou morts.

Article 12. Tous les nègres envoyés à la pêche devront recevoir de leur maître un permis écrit, qu'ils y aillent dans leurs bateaux ou dans ceux de leurs voisins ; les maîtres qui ne sauront pas écrire auront recours à leurs voisins et connaissances pour qu'ils écrivent à leur place les permis qu'ils doivent donner à leurs esclaves.

Article 13. Tout esclave pris avant ou après sa fuite sur un vaisseau ou même seulement avec l'intention de faire évader d'autres (blancs ou noirs) sera considéré comme étant coupable de vol qualifié et sera puni suivant les circonstances.

Article 14. Il est interdit à tous les maîtres de laisser leurs esclaves dans les rues ou sur les routes publiques après 9 heures du soir sans un permis mentionnant le nom de l'esclave et celui de son propriétaire ; si de nuit, quelque circonstance urgente se présente, il suffira que l'esclave ait une lanterne lorsqu'il sortira de la maison après 9 heures.

Article 15. De même il est interdit aux maîtres de laisser leurs esclaves tenir des maisons particulières sous prétexte de négoce ou d'autre cause sous peine de confiscation de ou des esclaves ou de tout ce qui est trouvé en sa ou en leur possession, la moitié des profits du net produit pour le Roi et l'autre moitié pour l'informateur, mesure qui aura force de loi 14 jours après publication de la présente.

Article 16. Il n'est permis à un Blanc ou à un homme de couleur libre de vendre des biens ou des marchandises dans le pays, qu'il soit seul ou avec un nègre ou un cheval que s'il est muni d'une autorisation du Gouvernement, que le vendeur ne doit pas manquer de montrer sur son chemin en toute place où il a l'intention de vendre ; s'il manque à cette formalité, les habitants doivent signaler le fait au Capitaine de la Milice du Quartier où ils vivent lequel saisira les biens ou les marchandises et les donnera en compte au Gouvernement ; les biens confisqués seront vendus et une moitié du produit net sera versé au Roi, le reste à l'informateur.

Article 17. Il est interdit à tous les nègres des plantations de vendre du bois, du fourrage, des fruits ou des légumes que ce soit en ville ou à la campagne, pas plus pour leur propre compte que pour celui de leurs maîtres sans une autorisation écrite précisant la nature et la quantité des produits mis en vente, sous peine de confiscation desdits articles, d'une amende de 50 livres pour l'acheteur et 29 coups de fouet à l'esclave trouvé en train de vendre sans cette autorisation du maître lui permettant d'emporter la marchandise de sa maison, l'esclave doit, de plus, être muni à son retour d'un laisser-passer ou d'un permis de son maître l'autorisant à ramener les marchandises qu'il a apportées ou dont il est chargé, sous peine de confiscation comme ci-dessus, ledit laisser-passer n'étant valable que 6 jours. Il est interdit aussi à tous les esclaves de vendre du coton à aucun titre que ce soit, quand bien même ce serait avec la permission de leurs maîtres, sous peine d'un châtiment corporel des esclaves et de 10 livres d'amende pour le maître qui les aurait autorisés, une somme égale sera aussi exigée de l'acheteur.

Article 18. Un esclave coupable d'avoir volé quelque bête, bétail, volaille ou quel qu'espèces de comestibles, fruits ou légumes, sera puni selon la nature de son vol, il sera fouetté et marqué par le fouetteur public et le maître sera responsable du dommage causé par son esclave s'il ne choisit pas de l'abandonner.

APPENDICE B
HOMÉLIE DE MONSEIGNEUR BLANGER

Sermon de Monseigneur Blanger

Evêque de la Basse-Terre, Guadeloupe

Le 16 mars 1878 en l'église de Gustavia et inséré le vendredi 22 mars dans la Gazette officielle de la Guadeloupe sous forme de lettre pastorale.

En voici le texte intégral :

> Au Clergé et aux fidèles de Saint-Barthélemy à l'occasion de la rétrocession de cette île à la France. François-Joseph Benjamin Blanger, par la grâce de Dieu et l'autorisation du Saint-Siège Apostolique, Evêque de la Basse-Terre, assistant au trône pontifical.
>
> Au Clergé et aux fidèles de Saint-Barthélemy, Salut et Bénédictions en Notre Seigneur Jésus Christ.
>
> L'homme, Nos Très Chers Frères, n'a pas de demeure permanente sur terre, c'est un voyageur qui s'avance chaque jour vers le Ciel, sa véritable patrie. Pourtant, parmi ses plus nobles instincts, il faut compter celui qui l'attache au pays qui l'a vu naître. Cet instinct est si fort que parfois il y trouve l'excuse de son attachement à l'erreur. Avoir une patrie. En effet, réhausser son nom patronymique du nom d'une grande nation ! En partager les gloires et les tristesses. Remonter les siècles et y rencontrer des ancêtres. Faire enfin de la vie de ceux qui ont illustré leur pays sa propre vie ! Voilà cependant le légitime orgueil que la nécessité des temps ou des combinaisons politiques vous avait enlevé, et voilà le noble patrimoine qui, aujourd'hui vous est rendu par la générosité d'un roi qui s'est rappelé que du sang français, nous allions dire

catholique, coulait dans ses veines. Il était digne de lui de ne pas laisser un rameau toujours séparé du tronc qui l'avait toujours porté. Rendons d'ailleurs cette justice à son gouvernement, c'est que, fidèle aux stipulations du traité qui lui livrait l'île de Saint-Barthélemy, il n'inquiéta jamais les catholiques dans l'exercice de leur culte, la plus grande liberté leur fut toujours laissée, et les ministres de Jésus-Christ y jouirent toujours du plus grand respect et de la plus grande considération. Plusieurs fois même, ils obtinrent les éloges de l'autorité, qui les signalait comme les plus habiles et les plus zélés propagateurs de l'instruction populaire et de la morale chrétienne. Nous avons vu, en témoignage de sympathie, briller "l'étoile polaire" sur la poitrine d'un de nos Vénérés prédécesseurs, et aujourd'hui nous voyons encore, avec un orgueil de père, briller la croix de Gustave III sur le cœur de l'un de nos prêtres les plus vaillants. Nous même, nous avons toujours eu à nous féliciter des témoignages de vénération, nous dirons même d'affection qui nous ont été prodigués par le noble représentant de la Suède. Aussi, ne le laisserons-nous pas s'éloigner sans l'assurer de notre reconnaissance et sans l'accompagner d'un vœu que Dieu connaît et peut seul exaucer.

Vous redevenez donc Français N.T.C.F. Votre ancienne patrie vous accueille par un vote unanime qui lui fait honneur, et c'est à la Guadeloupe, votre soeur aînée que la France rattache vos destinées. Hélas, la Guadeloupe n'est pas fortunée, elle n'est riche que d'enfants qu'elle porte à sa ceinture comme autant de joyaux qui lui sont chers : Marie-Galante, la Désirade, les Saintes, Saint-Martin, elle a des entrailles qui se sont émues au récit des dernières épreuves que vous avez essuyées et en venant à votre secours, elle inaugurait ce que nous venons solennellement confirmer aujourd'hui. N'oubliez pas cependant que c'est l'Eglise dans la personne de Pie IX, dont le nom se mêle à toutes les grandes oeuvres du siècle, qui avait pris l'initiative de cette alliance ; elle avait dit à l'évêque qui venait présider aux destinées de la Guadeloupe :

Sur votre chemin, vous rencontrerez une île jetée au milieu de la mer des Antilles, petite par sa surface, sévère par son aspect, mais pittoresque par ses horizons et grande, surtout par sa foi. Il y a là des hommes du Nord, à l'âme bien trempée, des Français d'autrefois dont la devise est "Dieu et Patrie." Dieu, il l'ont encore, mais la Patrie, ils la cherchent. Pour leur en donner un avant-goût, prenez-les sous votre houlette pastorale et parlez-leur de Dieu et de la France. Faites appel au dévouement de quelques prêtres français qui entretiendront dans leur cœur, l'amour de la patrie absente. Tout français doit être catholique et tout catholique doit désirer être français, et un jour viendra, peut-être n'est-il pas éloigné, où Saint-Barthélemy, comme tant d'autres îles de ces parages, redeviendra française. Elle sera alors reconnaissante, elle vous consolera par son attachement, mais je serai aussi reconnaissant à cause d'elle. Vous puiserez à pleines mains dans mes trésors, les pouvoirs les plus étendus, les privilèges les plus insignes vous seront accordés. Je n'ai pas oublié, ajoutait Pie IX, de Sainte mémoire, que "pour venir au secours de ce siège apostolique, quand d'autres prenaient sur superflu, Saint-Barthélemy a pris son nécessaire." (Bref du Souverain Pontife en date du 30 novembre 1874.)

C'est en effet N.T.C.F., à ce religieux contrat que nous devons les faveurs et les privilèges accordés à notre cher diocèse. Aussi, vous avons nous toujours pris en particulière affection. C'est avec bonheur que nous nous rendions chez vous pour nos visites pastorales, car quand nous y séjournions, ce n'était plus seulement des catholiques, mais aussi des Français qui chantaient tous : Sauvez, sauvez la France, par votre sacré cœur. C'était d'ailleurs la France qui nous portait sur ses vaisseaux, c'étaient des prêtres entretenus par la France que nous vous envoyons pour exercer parmi vous le ministère catholique dans la langue de la France. Et n'est-ce pas là une réponse péremptoire à ceux qui prétendent que le catholique perd le sentiment de la nationalité ? Que la religion ne connaît pas de patrie ? C'est au contraire, un caractère particulier de la religion d'inculquer l'amour de la patrie ; l'homme religieux aime son pays ; il l'aime ingrat, il l'aime infidèle, il s'en fait même une autre religion qui, quelquefois, lui fait oublier la première. Saint-Paul près de recevoir la couronne immortelle, n'oublia pas son titre de citoyen romain, et le divin Sauveur avant de monter au Calvaire se sentit attendrir à la vue de Jérusalem, sa patrie. Pour vous N.T.C.F. qui avez conservé le double amour de la Religion et de la Patrie, ne soyez pas ingrats envers ce gouvernement qui a tenu généreusement votre sort entre ses mains et comme autrefois Moïse aux Hébreux, vous a dit : le choix vous est offert, voyez à qui vous voulez appartenir ; *optio vobis datur, eligite hodie quod placet* (Josué 24:15).

Vous avez répondu : nous voulons être Français ; aussi la France vous ouvre-t-elle ses bras. Mais rappelez-vous que sous le gouvernement auquel vous avez appartenu, vous avez conservé votre foi. Vous demanderez à celui par qui les rois régnent et les chefs d'Etat gouvernent, au Pasteur des Pasteurs, vous demanderez qu'il n'y ait plus bientôt sur la terre qu'un seul pasteur et un seul troupeau.

Et maintenant que l'acte civil qui vous relie à la mère patrie est accompli, il vous reste un acte religieux à faire pour rendre le premier indélébile. Le prophète roi a dit : si le Seigneur ne préside pas à l'édification d'une œuvre, c'est en vain que l'on y aura travaillé. Le gouvernement français l'a compris, et c'est sur son invitation que nous prenons part à cette solennité nationale. C'est donc N.T.C.F., au pied des autels que nous vous attendons pour renouvel er ce serment de fidélité et de patriotisme que vous avez déposé dans l'urne civique. Nous comprenons votre empressement à retourner à votre ancienne patrie ; il répond aux sentiments que vous aviez toujours conservés pour elle et dont votre langue restait le vivant témoignage ; on ne saurait n'être plus Français sans le regretter, et il semble qu'à la distance où la Providence nous a placés, on se sente plus heureux encore d'avoir une patrie. Cette mer des Antilles, n'est-elle pas semée des plus beaux souvenirs de la France ? N'est-ce-pas un Français qui, dès l'origine, y a fait flotter le pavillon national, et les îles qui nous environnent ne portent-elles pas toutes des noms français et catholigues : Saint-Christophe, Sainte Croix, Sainte Lucie, la Dominique, tous noms qui résonnent aussi doucement aux oreilles des Français qu'à celles des catholiques.

Ah ! N.T.C.F., redevenez Français, montrez-vous catholiques au jour de la rétrocession, comme vous l'étiez au jour où vous avez cessé de nous appartenir ; catholiques comme nous vous avons trouvés encore au jour de notre première visite pastorale. Habitants de Lorient, c'est vous surtout qui nous avez touché en nous rappelant avec votre foi les mœurs de la catholique Normandie, c'est vous surtout qui avez tenu soigneusement caché l'étincelle qui devait un jour rallumer le feu patriotique et vous faire de nouveau Français.

Ô France que nous aimons tous ici, voici de nouveaux enfants qui reviennent à toi, ils se sont souvenus de la gloire de ton nom et de tes vertus antiques, et ils se sont réjouis. Ils viennent à toi, pleins de confiance, pour abriter à l'ombre de ton drapeau leur foi, leurs moeurs et leurs destinées. Sois charitable pour eux ; envoie-leur tes sœurs hospitalières pour soigner leurs malades, tes religieux et tes religieuses pour élever leurs enfants, tes prêtres pour sauver leurs âmes, des hommes de cœur pour défendre leurs intérêts terrestres ; montre-toi généreuse à leur égard, ils ont été si longtemps déshérités. Qu'ils conservent sous ta protection, un foyer respecté, des mœurs pures et une famille honorée ; que les nations moins favorisées qui les visiteront ne disent pas en les voyant : où donc est leur Dieu ? *Mequando dicant gentes : ubi est Deus corum* (PS 78-101) Eloigne d'eux ces doctrines malsaines qui troubleraient leurs consciences et corrompraient leurs cœurs. Qu'ils ignorent les aspirations trompeuses qui leur feraient laisser la proie pour courir après l'ombre ; qu'en se tournant vers toi, ils ne saluent pas seulement une patrie mais une mère.

C'est dans cet espoir N.T.C.F., qu'au nom de la Religion et au nom de la France représentée par ce qu'elle a de plus illustre dans ces contrées, nous allons chanter en action de grâces et d'une voix unanime : *Te Deum laudamus !* O Dieu tout-puissant !

Donné à St-Barthélemy, sous notre seing, notre sceau et le contre-seing du secrétaire général de notre évêché, le 16 mars de l'an de Notre Seigneur, 1878.

Benjamin Joseph.

APPENDICE C

NOMENCLATURE DES GOUVERNEURS SUÉDOIS DE 1785 À 1878

1785 - 1787 : Baron Salomon Mauritz von Rajalin (1757 - 1825)

1787 - 1790 : Pehr Herman Aurivillius Rosen von Rosenstein (1763 - 1799)

1790 - 1795 : Carl Frederik Bagge af Soderby (1750 - 1828)

1795 - 1800 : Georg Henrik Johan af Trolle (1763 - 1824)

1800 - 1812 : Hans Henrik Anckerheim (1748 - 1814)

1812 - 1816 : Bernd Robert Gustaf Stackelberg (1784 - 1845)

1816 - 1818 : Johan Samuel Rosensvard (1782 - 1818)

1819 - 1826 : Johan Norderling (1760 - 1828)

1826 - 1831 : James Haarlef Haasum (1791 - 1871)

1831 - 1833 : Lars Gustaf Morsing (1794 - 1860)

1833 - 1858 : James Haarlef Haasum

1858 - 1868 : Fredrick Carl Ulrich (1808 - 1868)

1868 - 1878 : Bror Ludvig Ulrich (1818 - 1887)

APPENDICE D

NOMENCLATURE DES MAIRES DE 1878 À 1983

M. Duchatellard, 1878 - 1900

M. Sourd, 1900 - 1913

M. Louis Deravin, 1913 - 1919

M. Théodore Ledée, 1919 - 1925

M. Leroy, 1925 - 1927

M. Eugène Magras, 1927 - 1929

M. Ruben Deravin, 1929 - 1931

Dr. Stephan Tara, 1931 - 1933

M. Ruben Deravin, 1933 - 1941

M. Clément Ledée, 1941 - 1942

M. Jean Ledée, 1942 - 1943

M. Clément Ledée, 1943 - 1944

M. Raynal Rosey (Délégation), 1944 - 1945

M. Raynal Rosey (Maire), 1945 - 1947

M. Alexandre Magras, 1947 - 1962

M. Rémy De Haenen, 1962 - 1977

M. Charles Querrard, 1977 - 1983

BIBLIOGRAPHIE

Pour réaliser ce petit livre, nous avons consulté les ouvrages suivants :

LES CARAÏBES : UN PEUPLE ÉTRANGE AUJOURD'HUI DISPARU, H. de Lalung, 1948

BELAIN D'ESNAMBUC, Auguste Joyau, 1950

LA GUADELOUPE, Guy Lassere, 1961

L'HISTOIRE DE LA GUADELOUPE, Auguste Lacour, 1858

EXTRAITS DE L'HISTOIRE DE SAINT-BARTHÉLEMY SOUS LA DOMINATION SUÉDOISE, D. G. Hill (Traduction française de Isidore Ledée), 1913

HISTOIRE RELIGIEUSE DE SAINT-BARTHÉLEMY SOUS LA DOMINATION SUÉDOISE, O. E. Hagston, 1888

L'ÉCHO DE LA REINE (Journal diocésain), 1934

LES ÉTAPES RELIGIEUSES DE LA GUADELOUPE, Abbé Guilbaud, 1935

CHARTES (Journal diocésain)

BULLETINS DE LA SOCIÉTÉ D'HISTOIRE DE LA GUADELOUPE, 1964, 1965, 1966, 1967

NOTES DIVERSES, Du Tertre, Labat, Chanoine Balivet.

HISTOIRE GÉNÉRALE DES ANTILLES HABITÉES PAR LES FRANÇAIS, VOLUME 1, Jean Baptiste Du Tertre. Nouvelle édition par Gale, Sabin Americana, 2012.

REMERCIEMENTS

(PREMIÈRE ÉDITION)

Nous rendons hommage aux auteurs dont les ouvrages ont permis notre documentation. Sans leur précieux travail de compilation, nous n'aurions jamais pu écrire ces lignes. Nous remercions également le maire de Saint-Barthélemy, M. Rémy de Haenen, qui a mis à notre disposition les archives municipales et M. Eugène Berry, secrétaire de mairie qui a guidé nos recherches, ainsi que toutes les personnes qui nous ont fourni des renseignements souvent précieux.

Nous tenons aussi à remercier très spécialement le directeur des archives de la Guadeloupe M. Hervieu, qui nous a fourni des photocopies de documents historiques et des textes originaux que sans sa bienveillance, nous n'aurions pu nous procurer, ainsi que des bulletins de la société d'histoire de la Guadeloupe dont les articles, en particulier, ceux de M. Erkman, nous ont été d'une grande utilité.

Georges Bourdin.

www.ingramcontent.com/pod-product-compliance
Ingram Content Group UK Ltd.
Pitfield, Milton Keynes, MK11 3LW, UK
UKHW041946190726
13854UKWH00004B/1818

9 781300 265771